Ernesto Che Guevara

Ausgewählte Werke in Einzelausgaben

Band 3:

Aufsätze zur Wirtschaftspolitik

Herausgegeben und übertragen von Horst-Eckart Gross

Pahl-Rugenstein Nachfolger

Der Autor:

Ernesto Che Guervara, 1928 in Rosario (Argentinien) geboren, studierte Medizin an der Universität von Buenos Aires und promovierte dort 1953. Zahlreiche Reisen führten ihn u.a. nach Peru, in die USA, nach Bolivien, Kolumbien und Venezuela. Nach einem Aufenthalt in Mexiko begegnete er dem Führer des kubanischen Volkswiderstands, Fidel Castro, und schiffte sich 1956 mit 81 anderen Revolutionären auf der „Granma" nach Kuba ein, um dort den Kampf gegen den Diktator Fulgencio E. Batista aufzunehmen. Nach anfänglichen Niederlagen gewann die von der Sierra Maestra aus operierende Befreiungsbewegung immer größere Unterstützung durch die Bevölkerung, was am 1. Januar 1959 zum Sieg der Revolution führte. Che Guevara übernahm die Leitung der kubanischen Staatsbank, 1961 wurde er zum Industrieminister ernannt. Während der von den USA finanzierten Invasion in der Schweinebucht im April 1961 befehligte er die kubanischen Truppen in Pinar del Rio. Als Revolutionär und Politiker erwarb er sich bald weltweites Ansehen und wurde für breite Teile Jugend zur Identifikationsfigur.

1965 verließ Che Guevara Kuba, um sich – wie er selbst in seinem Abschiedsbrief schreibt – „einem neuen Gebiet des Kampfes gegen den Imperialismus zuzuwenden". Im Oktober 1967 wurde er von bolivianischen Regierungstruppen in der Nähe der Stadt Higueras ermordet.

Der Herausgeber:

Horst-Eckart Gross, Jahrgang 1943, ist Diplom-Mathematiker. Nach mehrjähriger Tätigkeit als wissenschaftlicher Mitarbeiter wurde er wegen seiner politischen Aktivitäten mit Berufsverbot belegt. Er lebte dreizehn Jahre in Brasilien und bereiste fast alle lateinamerikanischen Länder. 1974 beteiligte er sich an der Gründung der Freundschaftsgesellschaft BRD-Kuba, deren Vorsitzender er von 1978 bis 1982 war.

Er ist Mitverfasser der Biographie „Che – Meine Träume kennen keine Grenzen" sowie als Herausgeber und Übersetzer zahlreicher lateinamerikanischer Autoren, darunter Fidel Castro, Ernesto Che Guevara, Lisandro Otero und Luis Rogelio Nogueras, hervorgetreten.

Pahl-Rugenstein Verlag Nachfolger GmbH
Breite Straße 47, 53111 Bonn
Tel. 0228/632306 Fax 0228/634968
E-Mail: prv@che-chandler.com

2. Aufl. 2003

ISBN 3-89144-006-5

Foto Umschlagseite: Che – Fotographisches Album mit freundlicher Genehmigung von Espresso Verlag, Berlin

Druck: Interpress, Budapest

Inhalt

Ansprache Fidel Castros vom 8. Oktober 1987
(Auszüge)

Man ehrt Che nicht nur einmal im Jahr, nicht nur einmal alle 5, 10, 15 oder 20 Jahre, man ehrt ihn jedes Jahr, jeden Monat, jeden Tag; in den Fabriken, in den Schulen, in den Kasernen und in den Häusern, und wer kann schon zählen, wie oft in diesen 20 Jahren die Pioniere gerufen haben: „Pioniere für den Kommunismus, wir wollen wie Che sein!"

Allein dieser Ausruf der Pioniere, allein dieser Brauch beweist die ständige und glorreiche Anwesenheit Ches. Nicht nur unsere Pioniere, nicht nur unsere Kinder, sondern alle Kinder dieser Hemisphäre, alle Kinder der Welt könnten die Losung wiederholen: „Pioniere für den Kommunismus, wir wollen wie Che sein!"

Es kann kein besseres Symbol und kein besseres Vorbild geben für das Modell eines revolutionären Menschen und eines Kommunisten. Ich sage das, weil ich der tiefsten Überzeugung bin, vielleicht noch mehr als vor 20 Jahren, daß unsere Kämpfer, unsere Revolutionäre und unsere Kinder wie Che sein sollten, weil er die Personifizierung dieses neuen Menschen, des Menschen einer kommunistischen Gesellschaft ist. Wir werden nicht nur den Sozialismus aufbauen, sondern auch die fortgeschrittenen Etappen des Sozialismus, wenn die Menschheit nicht die schöne Idee aufgibt, eines Tages in einer kommunistischen Gesellschaft zu leben.

Wenn man ein Vorbild und ein Beispiel braucht, um diese hohen Ziele zu erreichen, dann sind es jene unersetzlichen Menschen von Ches Format; Männer und Frauen, die ihm nacheifern, die wie er sein, wie er denken, wie er handeln und ihre Pflicht erfüllen möchten, bei jeder Kleinigkeit und bei jeder Arbeit sowie in ihrer Haltung der Arbeit gegenüber; Menschen, die wie er ein Beispiel, in allem die Besten sein wollen, die ersten Freiwilligen für die schwierigsten, härtesten und aufopferungsvollsten Arbeiten; Personen, die sich mit Körper und Geist einer Sache widmen, die sich mit Körper und Geist den Mitmenschen widmen, wahrhaft solidarische Menschen, die niemals einen Genossen im Stich lassen werden, Personen ohne Makel, ohne Widerspruch zwischen dem, was sie sagen, und dem, was sie tun: Menschen der Tat und des Nachdenkens, für die Che ein Beispiel ist.

Für unser Volk ist es eine Ehre und ein großes Privileg, ihn zu seinen Kindern zu zählen, obwohl er nicht in diesem Land geboren ist; er erwarb sich das Recht, als Sohn unseres Volkes angesehen zu werden, und für unser Volk, unser Land, unsere Geschichte und unsere Revolution ist es eine große Ehre, einen wahrhaft außergewöhnlichen Menschen wie ihn in seinen Reihen zu haben.

Ich glaube, daß es nicht wenige derart außergewöhnliche Menschen gibt, daß es im Volk nicht nur Hunderte von ihnen gibt, sondern Tausende und vielleicht Millionen außergewöhnliche Männer und Frauen. Ich habe es schon einmal bei jener traurigen Gelegenheit gesagt, als Camilo verschwand: „Im Volk gibt es viele Camilos." Ich hätte auch sagen können: In unserem Volk, in den Völkern Lateinamerikas und der Welt, gibt es viele Ches.

Aber warum nennen wir sie außergewöhnliche Menschen? Weil sie in der Welt und unter den Umständen, unter denen sie gelebt haben, die Möglichkeit hatten zu beweisen, wozu der Mensch in seiner Großzügigkeit und Solidarität fähig ist. Und diese idealen Umstände, in denen der Mensch zeigen kann, was in ihm steckt, so wie es Che getan hat, gibt es nur sehr selten.

Im Volk gibt es natürlich unzählige Männer und Frauen, die vom Beispiel anderer Menschen gelernt und Werte geschaffen haben, die sie zu Helden machen, auch die Helden, die ich besonders bewundere, die stillen und anonymen Helden, in ihrer stillen und anonymen Tugend. Aber da die Umstände, die Persönlichkeiten wie Che Guevara hervorbringen, so selten und ungewöhnlich sind, ist es eine große Ehre und ein Privileg, daß er sich aus unserer Revolution heraus entwickelte.

Um zu beweisen, was ich vorhin über die Präsenz und die Gültigkeit Ches gesagt habe, frage ich: Könnte es einen geeigneteren Moment geben, um mit aller Kraft und mit den tiefsten Gefühlen der Anerkennung und der Dankbarkeit an Che zu erinnern, als einen Tag wie den heutigen? Könnte es einen besseren Moment geben als diesen, inmitten unseres Prozesses der Berichtigung von Fehlern?

Was berichtigen wir eigentlich? Wir korrigieren genau jene Dinge – und davon gibt es eine Menge –, die sich vom revolutionären Geist entfernt haben, vom revolutionären Schaffen, von der revolutionären Tugend, von der revolutionären Anstrengung, von der revolutionären Verantwortung, also alles das, was sich vom Geist der Solidarität unter den Menschen entfernt hat. Wir korrigieren jede Art von Bummelei und Mittelmäßigkeit, die Negation der Ideen Ches, die Negation seines revolutionären Denkens, seines Stils, seines Beispiels und seiner Konzeptionen.

Ich bin der Überzeugung und sage es mit Zufriedenheit, daß, wenn Che heute hier neben uns sitzen würde, er wirklich froh und glücklich wäre, weil wir jetzt diese Zeiten durchleben, genauso wie er sehr unglücklich gewesen wäre in jener unsäglichen Zeit, in jener bedrückenden Periode, als hier eine Reihe von Erscheinungen und Lastern vorherrschten beim Aufbau des Sozialismus; das wäre für Che sehr bitter gewesen.

Die freiwillige Arbeit war z. B. eine Idee Ches, die er unserem Vaterland und unserer Revolution hinterließ, und sie kam immer mehr zum Erliegen. Es war nur noch eine Formalität, man ging an irgendeinem Sonntag mal irgendwohin, um unkoordiniert ein paar Dinge zu tun. Es herrschte die bürokratische und technokratische Meinung, nach der die freiwillige Arbeit keine grundlegende und wesentliche Angelegenheit sei; man sah sie als Dummheit und Zeitverschwendung an. Mit Überstunden sollten die Probleme gelöst werden, obwohl die reguläre Arbeitszeit nicht einmal richtig ausgenutzt wurde. Wir sind einer aufgeblähten Bürokratie erlegen, anachronistischen Normen, wir sind in die Falle gegangen und haben uns selber belogen. Wir haben uns eine Menge Laster zugelegt, die Che wirklich entsetzt hätten, denn wenn man ihm gesagt hätte, daß es in der kubanischen Revolution eines Tages Betriebe geben würde, die betrügen, um rentabel zu sein, wäre er entsetzt gewesen; wenn man ihm gesagt hätte, daß einige Betriebe, um rentabel zu sein und um Prämien und was weiß ich nicht alles verteilen zu können, ihre Baumaterialien verkaufen und abrechnen, als ob sie wirklich gebaut hätten, wäre Che entsetzt gewesen. Und so etwas ist passiert, in den 15 Bezirken der Hauptstadt, in den 15 Wohnungsbaubetrieben, um nur einige zu nennen. Sie produzieren scheinbar 8000 Pesos jährlich, aber als man mit der Schluderei aufgehört hatte, produzierten sie nur noch 4000 Pesos oder noch weniger und waren gar nicht mehr rentabel, das waren sie nur durch Betrug gewesen.

Wenn man Che gesagt hätte, daß man in einigen Betrieben zwecks Planerfüllung oder Übererfüllung einfach den Monat Januar zu den Bilanzen des Dezembers hinzufügte, dann wäre Che entsetzt gewesen.

Wenn man Che gesagt hätte, daß einige Betriebe den Plan erfüllen und dafür Prämien verteilen, daß der Plan zwar dem Wert, nicht aber dem Sortiment nach erfüllt wurde und daß sie nur die Dinge herstellen, die ihnen größeren Verdienst bringen und die anderen ablehnen, obwohl die einen ohne die anderen völlig nutzlos sind, dann wäre Che entsetzt gewesen.

Wenn Che gewußt hätte, daß in einigen Fällen so lasche, nachlässige und unsinnige Normen aufgestellt wurden, daß fast alle Arbeiter diese zwei- oder dreimal erfüllen konnten, dann wäre Che entsetzt gewesen.

Wenn er gewußt hätte, daß das Geld zum wichtigsten Instrument der Motivierung der Menschen geworden ist, dann wäre er, der so sehr dagegen war, entsetzt gewesen. Arbeitszeiten werden nicht eingehalten, dafür aber werden

Überstunden gemacht; die Einstellung unserer Arbeiter wurde korrumpiert, und immer mehr Menschen hatten nur Pesos im Sinn; wenn Che all das gewußt hätte, wäre er entsetzt gewesen, denn er war sich bewußt, daß man auf den ausgetretenen Wegen des Kapitalismus nicht zum Kommunismus gelangen kann, daß auf diesem Weg eines Tages die Idee der menschlichen Solidarität und des Internationalismus abhanden kommt und daß man auf diese Weise niemals zu einem neuen Menschen und zu einer neuen Gesellschaft gelangt.

Wenn Che gewußt hätte, daß man eines Tages immer mehr Prämien zahlen würde, ohne daß sie mit der Produktion in Verbindung stehen, wäre er entsetzt gewesen.

Wenn er diese Betriebe gesehen hätte, angeführt von Möchte-gern-Kapitalisten, wie wir sie nennen, die sich als Kapitalisten aufführen, so handeln und denken, ohne an unser Land zu denken, an unser Volk oder an die Qualität, denn Qualität bedeutet ihnen nichts, nur das viele Geld, das sie so verdienen konnten (eines Tages wird nicht nur die manuelle Arbeit gemäß ihrer Leistung bezahlt, was ja eine gewisse Logik hat, wie beim Zuckerrohrschneiden oder anderen körperlichen Aktivitäten, sondern auch intellektuelle Tätigkeiten werden dann nach Planerfüllung oder Nichterfüllung bezahlt; auch die Arbeiter bei Radio und Fernsehen werden an ihrer Planerfüllung gemessen werden), wenn er gewußt hätte, daß sogar Chirurgen den Leuten die Gedärme herausschneiden, nur um das Zwei- oder Dreifache zu verdienen, dann wäre Che wirklich entsetzt gewesen, denn diese Wege führen niemals zum Kommunismus, sie führen zu allen Lastern und Entfremdungen des Kapitalismus. Che wußte gut, daß man so niemals zu einem wahren Sozialismus, der Vorstufe des Kommunismus, gelangen wird.

Aber es wäre falsch zu meinen, daß Che ein Träumer gewesen sei, ein Idealist, der die Realitäten verkannte. Er kannte die Realitäten sehr gut und stellte sie in Rechnung. Aber er glaubte an den Menschen, und wenn man das nicht tut und den Menschen für ein nicht-entwicklungsfähiges Tier hält, das nur vorwärts geht, wenn man ihm Futter vor die Nase hält, wird man nie zum Revolutionär werden; wer das glaubt, wird nie ein Sozialist oder Kommunist sein.

Unsere eigene Revolution ist ein Beispiel dafür, was der Glaube an den Menschen erreichen kann, denn wir haben am Nullpunkt angefangen, wir kamen aus dem Nichts. Wir hatten keine Waffen und kein Geld, die Männer waren nicht bekannt, die diesen Kampf begannen angesichts der feindlichen Macht, der Abermillionen von Pesos und der Hunderttausenden von Soldaten, aber wir haben an den Menschen geglaubt, und die Revolution wurde möglich. Wir haben nicht nur gesiegt, sondern wir haben uns auch den USA entgegengestellt und sind so bis ins 29. Jahr der Revolution gekommen. Wie hätte so etwas möglich sein können ohne den Glauben an den Menschen?

Che glaubte immer an den Menschen. Er war Realist und verwarf nicht die materiellen Anreize, die er in der Übergangsetappe beim Aufbau des Sozialismus für nötig hielt, aber der Faktor Bewußtsein und Moral wurde für ihn von immer größerer Bedeutung.

Es wäre eine Karikatur, wollte man Che nicht als Realisten sehen, der die Realitäten der Gesellschaft und der Menschen kannte, die aus dem Schoß des Kapitalismus entspringen. Che ist dennoch hauptsächlich ein Mensch der Tat gewesen, als Soldat, als Vorgesetzter, als Militär, als Guerillero, als Individuum; er war bei allem der Erste, er verlangte von anderen nie etwas, was er nicht selbst zuerst getan hätte. Wir kennen und schätzen ihn als einen tugendhaften Menschen, ehrlich, rein, tapfer und solidarisch.

Che war ein Denker und besaß die außergewöhnliche Fähigkeit, in den ersten Jahren der Revolution wichtige Aspekte des Aufbaus des Sozialismus zu erkennen. Immer wenn irgendwo jemand für eine wichtige Aufgabe gebraucht wurde, war Che da. Er war wirklich vielseitig und hat jede ihm zugewiesene Aufgabe ernsthaft und verantwortungsvoll ausgeführt.

Er war im INRA [Nationales Institut für Agrarreform, d. Ü.] zuständig für die wenigen dort zusammengefaßten Unternehmen, als die großen Unternehmen noch nicht verstaatlicht waren. Er war in der Nationalbank und im Industrieministerium von Anfang an tätig. Dann wurden nach und nach fast alle Fabriken verstaatlicht, man mußte sich um die Aufrechterhaltung der Produktion kümmern, und wie bei vielen anderen Problemen zuvor widmete Che sich ganz dieser Sache, er arbeitete Tag und Nacht, samstags und sonntags, und er hat wirklich große Aufgaben bewältigt. Damals begann er, die Prinzipien des Marxismus-Leninismus auf die Produktion zu übertragen, so wie er dies für richtig hielt. Damit hat er sich jahrelang beschäftigt; er hat viel darüber nachgedacht und geschrieben und wirklich eine ziemlich umfassende Theorie entwickelt, wie man seiner Meinung nach den Sozialismus aufbauen muß und zum Kommunismus gelangen kann.

Kürzlich wurden all seine Ideen zusammengetragen, und ein Wirtschaftswissenschaftler hat darüber ein Buch geschrieben, für das er einen Preis der Casa de las Americas bekam. In diesem Buch wurden Ches wichtigste ökonomische Vorstellungen zusammengefaßt und interpretiert, die man aus seinen Schriften, Artikeln und Reden über diese entscheidende Frage beim Aufbau des Sozialismus zusammengetragen hat. Dieses Buch heißt „Das ökonomische Denken Che Guevaras". Man hat so oft an die vielen anderen Fähigkeiten Ches erinnert, daß diese dabei fast vergessen wurde. Und er hatte wirklich tiefgreifende und mutige Vorstellungen, die oft sehr von den ausgetretenen Pfaden abwichen.

Im Prinzip war Che ganz und gar gegen die Anwendung der wirtschaftlichen Kategorien und Gesetze des Kapitalismus beim Aufbau des Sozialismus, und er hat etwas gesagt, was wir oft wiederholt haben, nämlich daß der Aufbau des Sozialismus nicht nur eine Frage der Erzeugung und der Verteilung der Reichtümer ist, sondern auch eine Frage der Erziehung und des Bewußtseins. Er war strikt gegen den

Gebrauch der vom Kapitalismus übernommenen Kategorien als Hilfe beim Aufbau des Sozialismus.

Manchmal wurden einige Ideen Ches schlecht interpretiert oder angewandt. Einige wollte man nie ernsthaft in die Praxis umsetzen, und manchmal kamen auch Ideen auf, die denen des ökonomischen Denkens Che Guevaras diametral entgegengesetzt waren.

Aber dies ist nicht die Gelegenheit, dieses Thema zu vertiefen. Ich will heute etwas zum Ausdruck bringen, an diesem 20. Jahrestag der Ermordung Ches, inmitten dieses tiefgreifenden Prozesses der Berichtigung von Fehlern, in dem wir uns befinden und der nicht Extremismus bedeutet oder Idealismus, der sich unter keinen Umständen von der Realität entfernen darf und auch keine abrupte Veränderung bedeuten soll. Berichtigung von Fehlern bedeutet, neue Lösungen für alte Probleme zu finden, viele negative Dinge zu korrigieren, die sich im Laufe der Zeit eingeschlichen haben; Berichtigung bedeutet die genauere Beachtung des Systems und der Methoden, über die wir verfügen, der Planungs- und Leitungssysteme der Wirtschaft; wie wir schon auf den Betriebsversammlungen gesagt haben, ist dieses System wie ein alter Gaul, der viele Schläge erhalten hat, dem wir viel Medizin verschrieben haben, dessen Beine geschient sind und den wir schließlich einigermaßen abgerichtet hatten – und jetzt folgen wir ihm weiter, obwohl wir seine Laster und Gefahrenstellen kennen, seine Bockigkeit und seine Tritte, aber wir versuchen jetzt, ihn auf unseren Weg zu bringen und nicht nur dorthin zu folgen, wohin der Gaul uns führt, denn wir haben beschlossen: Wir nehmen die Zügel in die Hand!

Das sind sehr wichtige und ernsthafte Themen, und dabei können wir uns keinerlei Abenteuer und Ausrutscher erlauben. Denn die Erfahrung vieler Jahre Revolution hat uns gezeigt, daß wir den Plan nicht nur in Werten, sondern auch in den Ergebnissen, in den Produkten erfüllen müssen. Das ist unsere ständige Forderung, und wer das nicht begreift, der fliegt von seinem Posten, da gibt es nichts!

Wir müssen unsere Arbeit schnell beginnen und auch beenden, und es darf nie mehr so etwas vorkommen, daß man ein Gebäude nicht beendet und nur Berge von Erde und eine Reihe von Arbeitern in Bewegung setzt, ohne jemals das Gebäude zu vollenden. Die Einstellung, den Plan zu erfüllen, aber kein einziges Werk zu Ende gebracht zu haben, hat uns eine Menge Geld gekostet. 14 Jahre lang hat man gebraucht, um ein Hotel fertigzustellen! 14 Jahre lang hat man Nägel, Sand, Steine, Zement und Benzin vergeudet, bevor das Land einen einzigen Centavo an dem Hotel verdient hat! Elf Jahre hat man gebraucht für das Hotel in Pinar del Rio! Es stimmt, daß es schließlich doch fertig wurde, auch in guter Qualität, aber solche Dinge dürfen einfach nicht mehr passieren.

Die Kleinstbrigaden, die im Zuge solcher Geschehnisse aufgelöst wurden, steigen wie ein Phönix wieder aus der Asche auf und beweisen uns, welche Bedeutung diese Massenbewegung und dieser revolutionäre Weg, Probleme zu lösen, haben, alles das, was die Theoretiker und Technokraten, die nicht an den Menschen glauben, sondern nur an ihre Krämerideen, gebremst und zerstört hatten. Diese Haltung hat uns in äußerst schwierige Situationen gebracht. In unserer Hauptstadt wurden die Kleinstbrigaden auf dem Höhepunkt ihrer Entwicklung einfach aufgelöst, und es schmerzt, daran zu denken, daß das vor 15 Jahren die Lösung für eines unserer dringendster Probleme war. Es gab in der Hauptstadt keine Arbeitskräfte mehr für den Wohnungsbau. Die Probleme wurden immer größer, denn viele Häuser wurden nur noch von Stützpfeilern getragen und drohten zusammenzubrechen und Menschenleben zu gefährden.

Jetzt tauchen die Kleinstbrigaden wieder auf, es gibt bereits wieder mehr als 20 000 Kleinstbrigadisten in der Hauptstadt, und sie stehen nicht im Widerspruch zu dem Gaul, dem Planungs- und Leitungssystem der Wirtschaft, denn die Fabrik, die sie freistellt, bezahlt sie zwar, doch der Staat gibt ihr dieses Geld wieder zurück. Früher arbeitete der Brigadist im Betrieb fünf oder sechs Stunden, jetzt aber zehn, elf oder zwölf Stunden, er arbeitet für zwei oder drei, und die Fabrik spart dadurch. Unser Möchte-gern-Kapitalist kann nicht behaupten, daß man so seinen Betrieb ruiniert, sondern im Gegenteil, daß man dem Betrieb hilft, indem man mit 30, 40 oder 50 Leuten weniger arbeitet und dabei Löhne einspart; man wird so rentabel oder wenigstens weniger unrentabel sein, man kann mehr Preise und Prämien verteilen, weil man Lohnkosten eingespart hat. Man rationalisiert also, erhält dabei noch Wohnungen für die Arbeiter, die dann natürlich auch zufriedener sind. Man baut soziale Einrichtungen, Fachschulen, Polykliniken und Kindergärten für die arbeitenden Frauen und die Familien, also viele außerordentlich nützliche Dinge, und der Staat unterstützt das, ohne daß der Betrieb dafür einen Centavo mehr ausgeben müßte. Das sind wirklich noch Wunder!

Man könnte die Krämer und Möchte-gern-Kapitalisten, die so einen blinden Glauben an die Mechanismen des Kapitalismus haben, einmal fragen: Könnten Sie dieses Wunder vollbringen? Könnten Sie 20 000 Wohnungen in der Hauptstadt bauen, ohne einen Centavo mehr an Löhnen auszugeben? Könnten Sie in einem Jahr 50 Kindergärten bauen, ohne einen Centavo mehr an Lohnkosten? Früher waren nur fünf Kindergärten im Fünfjahrplan vorgesehen, und selbst die wurden nicht gebaut. 19 500 Mütter warteten auf einen Kindergartenplatz, und niemand wußte, wann man einen bekommen würde. Bei der steigenden Kinderzahl hätte man hundert Jahre gebraucht, und die Kinder wären schon lange tot gewesen (und glücklicherweise auch alle Bürokraten und Möchte-gern-Kapitalisten, die den Aufbau des Sozialismus behindern). Sie alle wären gestorben und hätten niemals den Kindergarten Nummer 100 kennengelernt. Die Arbeiter in der Hauptstadt werden in zwei Jahren 100 Kindergärten errichtet haben, und die Arbeiter im ganzen Land werden in drei Jahren 300 Kindergärten aufbauen oder soviele, wie man braucht. Es werden 70 000 oder 80 000 Kinder den Kindergarten besuchen, und das, ohne daß mehr Löhne gezahlt werden oder Arbeitskräfte importiert werden müßten. Wenn es bei derartiger Überbeschäftigung so weiter gegangen wäre, dann wären letztendlich Arbeitskräfte aus Jamaica, aus Haiti oder einer sonstigen Gegend der Welt importiert worden, dorthin mußten wir gelangen.

Heute haben wir bewiesen, daß man in der Hauptstadt einen von acht Arbeitern mobilisieren kann, dessen bin ich sicher. Das wäre jedoch gar nicht nötig, denn wir hätten gar nicht genug Arbeitsmaterial für 100 000 Arbeiter in Havanna, von denen einer für drei arbeitet. Wir haben schon beeindruckende Beispiele dieser Arbeit gesehen, und das haben wir mit revolutionären, kommunistischen Methoden erreicht, indem wir die Interessen der Menschen, die bestimmte Bedürfnisse haben, mit den Interessen der Fabriken oder der ganzen Gesellschaft verbinden.

Ich will mich nicht zum Richter über die verschiedenen Theorien machen, obwohl ich meine eigenen Vorstellungen dazu habe, und die Dinge, an die ich glaube oder an die ich nicht glauben kann, genau kenne. Wir befinden uns inmitten eines Prozesses der Berichtigung von Fehlern, inmitten eines Kampfes, und wir werden so weitermachen, wie wir gesagt haben: mit dem alten Gaul, so daß er weitertrabt, und er trabt weiter, und weil wir ihn nicht durch einen besseren Gaul ersetzen können, denke ich, daß wir nicht voreilig und ohne gründliche Analyse vorgehen können. Heute, an diesem 20. Jahrestag, habe ich nur eine bescheidene Bitte, nämlich daß man über die ökonomischen Ideen des Che nachdenke, daß man darüber nachdenke in Lateinamerika, in der entwickelten kapitalistischen Welt, in der Dritten Welt und in den sozialistischen Ländern. Auch dort soll man Che kennenlernen, genauso wie wir alle seine Schriften und Bücher lesen. Man soll ihn kennenlernen! Ich sage nicht, daß seine Theorien anzuwenden sind, da können wir uns nicht einmischen und da muß jeder die Theorien und Gedanken übernehmen, die für ihn am geeignetsten sind, das ist je nach Land verschieden. Ich respektiere vollständig das Recht jedes Landes, seine eigenen Methoden anzuwenden, das wird ganz und gar respektiert! Aber ich bitte einfach darum, daß in einer gebildeten Welt und in einem gebildeten Land, in dem über Ideen diskutiert wird, auch Ches Ideen diskutiert werden! Besonders unsere Studenten der Wirtschaftswissenschaften, die so viele Handbücher und Broschüren lesen, die kapitalistische Kategorien und Gesetze studieren, soll man das Denken erweitern und Ches ökonomische Ideen studieren! Es wäre sehr unkultiviert zu glauben, es gäbe nur eine Art, die Dinge anzugehen; nur die eine Art sei zu bestimmten Zeiten und unter bestimmten historischen Umständen aus der Praxis heraus entstanden. Ich habe wirklich nur die Bitte, daß man ein wenig kultivierter ist und auch andere Standpunkte kennenlernt, so anerkannte und durchdachte Standpunkte wie jene Ches. Unsere künftigen Ökonomen dürfen und die ganze kommende Generation darf sich nicht wie ein Maultier mit Scheuklappen entwickeln. Wer Scheuklappen trägt, der darf nicht woanders hingucken, dem wird nur eine Möhre als einzige Richtung vorgehalten. Wir wollen Menschen sein, die lesen und sich bilden und sich nicht nur von bestimmten Ideen vergiften lassen, sondern die auch andere Ideen kennenlernen, sie analysieren und darüber nachdenken.

Denn wenn wir Che sagen könnten, was uns passiert ist, all die Dinge, über die wir vorhin gesprochen haben, was im Wohnungsbau passiert ist, in der Landwirtschaft und der Industrie, mit dem Warenangebot und der Qualität, dann würde Che sagen: „Davor habe ich gewarnt, davor habe ich gewarnt!“ Er würde sagen: „Das habe ich schon früher gesagt, es ist genau das passiert, was ich befürchtete“, und genauso ist es auch.

Ich möchte, daß unser Volk ein Volk der Ideen ist, der Vorstellungen, über die man nachdenkt und gegebenenfalls diskutiert, das halte ich für wichtig.

Einige Vorstellungen Ches sind vielleicht zu sehr an die Anfangsjahre unserer Revolution geknüpft, z. B., daß bei

Übererfüllung der Norm der Lohn nicht den Lohn der nächsthöheren Stufe überschreiten dürfe, denn Che wollte, daß die Menschen lernen, und er verband damit die Vorstellung, daß die Arbeiter mit sehr niedrigen Löhnen sich somit weiterbilden würden. Heute ist unser Volk viel gebildeter und kultivierter, und wir können über diese Frage diskutieren, ob der Lohn die nächsthöhere Stufe überschreiten darf oder nicht; wir können jene Ideen diskutieren, die heute mehr den Realitäten eines gebildeten Volkes entsprechen, obwohl man niemals auf eine ständige kulturelle und technische Weiterbildung verzichten darf.

Viele Konzepte Ches sind jedoch von einer absoluten Gültigkeit, denn es sind Ideen, ohne die man den Kommunismus nicht aufbauen kann, dessen bin ich sicher. Dies gilt für das Konzept, daß der Mensch nicht korrumpiert und nicht entfremdet werden darf und daß man ohne Bewußtsein, nur durch die Produktion von Reichtümern, niemals den Sozialismus als eine bessere Gesellschaft wird aufbauen können und zum Kommunismus gelangen wird!

Viele Ideen Ches sind heute genauso gültig wie damals, und wenn wir seine ökonomischen Vorstellungen besser studiert hätten, wären wir sehr viel aufmerksamer gewesen, auch bei der Führung des Gaules, und wenn er nach rechts oder links ausbrechen will, wo die Pferde halt so hinlaufen – obwohl es dann ja ein rechtes Pferd wäre –, müssen wir die Zügel anziehen und ihn wieder auf den richtigen Weg führen, und wenn der Gaul gar nicht mehr laufen will, muß man ihm halt die Sporen geben.

Ich glaube, daß ein „Reiter", also ein Ökonom, ein Partei- oder ein Verwaltungskader, der mit den Ideen Ches ausgerüstet ist, besser in der Lage ist, das Pferd auf den richtigen Weg zu führen.

Allein die Kenntnis dieser Vorstellungen und Gedanken würde ihm möglich machen zu sagen: Hier läuft es schlecht und dort, das ist eine Folge hiervon oder davon. Die Methoden beim Aufbau des Sozialismus werden weiterentwikkelt und vervollkommt, und ich bin der festen Überzeugung, wenn man diese Gedanken ignoriert, dann wird man schwerlich zum wahren Sozialismus kommen, zu einem revolutionären Sozialismus, zu einem Sozialismus mit Sozialisten, zu einem Kommunismus mit Kommunisten. Diese Ideen zu ignorieren, wäre ein Verbrechen, dessen bin ich sicher.

Wir haben genug Erfahrungen, um zu wissen, wie wir die Dinge angehen müssen, und im Denken Ches gibt es wertvolle Prinzipien, die die Vorstellung überschreiten, die viele von Che haben; Che war ein heldenhafter und reiner Mensch, ein Heiliger aufgrund seiner Tugenden und ein Märtyrer, aber Che war auch ein Revolutionär und ein Denker, der mit großer Konsequenz Vorstellungen ausgearbeitet hat, die für den revolutionären Weg zweifellos von größter Bedeutung sind.

Die Kapitalisten sind immer sehr froh, wenn man von Gewinn, Zinsen und Prämien redet, von Märkten und Angebot und Nachfrage als Regulierungsinstrumenten der Produktion und der Qualität, denn das beanspruchen sie als ihre Philosophie, und sie sind froh über die Betonung der Bedeutung dieser Kategorien für den Sozialismus, denn sie wissen, daß dies grundsätzliche Aspekte der Theorie, der Gesetze und der Kategorien des Kapitalismus sind. Uns kubanische Revolutionäre kritisieren eine ganze Reihe von Kapitalisten, die behaupten, daß wir keine Realisten seien, daß man auf die Köder des Kapitalismus hereinfallen müsse; sie haben uns im Visier ihrer Kanonen, aber wir werden sehen, wohin wir gelangen mit unserem geschundenen, aber gut geführten Gaul, denn wir haben nichts anderes als diesen Gaul, und wir werden erleben, was wir mit unserem Prozeß der Berichtigung von Fehlern erreichen werden.

Deshalb rufe ich heute, an diesem 20. Jahrestag, unser Volk auf, die Jugendlichen, die Studenten und die Ökonomen, das politische und ökonomische Gedankengut Ches zu studieren!

Che ist eine Person von großem Ansehen, der immer mehr Bewunderer finden wird. Die Enttäuschten aber, die seine Ideen bekämpfen und ihn nur als einen wirklichkeitsfremden Träumer hinstellen, verdienen nicht den Respekt der Revolutionäre. Wir wollen, daß unseren Jugendlichen diese Gedanken Ches zur Verfügung stehen, auch wenn wir bis jetzt nicht mehr damit anzufangen wußten als zu sagen: Wir gehen nicht weiter auf diesem falschen Weg, den Che vorhergesehen hat; auch wenn wir bis jetzt damit nur unsere Kultur bereichert haben; auch wenn sie bis jetzt nur unser revolutionäres Denken vertieft haben.

Wir können Che am besten ehren durch Taten, mehr als durch diese Veranstaltung, mehr als durch Ehrungen und formale Dinge. Durch diesen Arbeitswillen zum Beispiel, den man jetzt überall im Lande sehen kann und wovon es in dieser Provinz zahlreiche Beispiele gibt; die Arbeiter, die in Viñales 12 und 14 Stunden gearbeitet und Stauseen gebaut haben, einen nach dem anderen haben sie nicht nur angefangen, sondern auch fertiggestellt, und das mit einem Kostenaufwand, der nur der Hälfte ihres Wertes entspricht. Wenn wir das in kapitalistischen Begriffen ausdrücken, obwohl Che es stets ablehnte, kapitalistische Terminologie für die Analyse sozialistischer Probleme zu benutzen, dann müßten wir sagen, daß diese Baubrigaden die Stauseen in Viñales mit mehr als 100%iger Rentabilität fertiggestellt haben!

Che hat der Buchführung, der Analyse der Kosten und Ausgaben, sehr große Aufmerksamkeit gewidmet, Centavo für Centavo. Che wollte nicht den Sozialismus aufbauen und die Wirtschaft leiten ohne geeignete Organisation, ohne eine wirksame Kontrolle und ohne eine auf den Centavo genaue Buchführung. Er konzipierte Entwicklung nur unter Erhöhung der Arbeitsproduktivität. Er hat sogar Mathematik gelernt, um mit mathematischen Formeln die Wirtschaft besser kontrollieren und die Ergebnisse genauer messen zu können. Er träumte auch von dem Gebrauch von Computern in der Wirtschaft als wichtiges Mittel bei der Feststellung der Effizienz im Sozialismus.

Die Arbeiter der Stauseen, die ich vorhin erwähnt habe,

haben dazu einen großen Beitrag geleistet: Für jeden Peso Kosten haben sie zwei Peso produziert, für jede Million an Kosten produzierten sie zwei Millionen. Die Arbeiter des Stausees von Guamá, die Arbeiter am Kanal, die Arbeiter auf der Autobahn nach Pinar del Río, jene, die am Stausee von Patate arbeiten werden, die im Kanalnetz der Hauptstadt arbeiten und eine ganze Reihe von Kollektiven, sie alle vollbringen wahre Meisterleistungen; sie sind ehrenvolle und disziplinierte Männer, die sich mit einer außerordentlichen Produktivität ihrer Arbeit widmen.

Vor ein paar Tagen haben wir uns mit einer Gruppe von Bauarbeitern getroffen, die in der Hauptstadt eine Straße bauen, alle waren Mitglieder der Partei oder der UJC [Kommunistischer Jugendverband, d. Ü.], einige waren verdiente Arbeiter, zusammen ungefähr 200 Männer. Anstatt sie zur Planerfüllung anzuhalten, müßten wir ihnen eigentlich sagen, daß sie weniger arbeiten sollen, denn sie fahren dort mit großen Wagen und Maschinen. Diese Menschen vollbringen so viel, manchmal sogar zuviel und wir müssen ihnen sagen: Arbeitet weniger! Fahrt weniger! Sie befördern mit ihren Wagen Baumaterial mit großer Geschwindigkeit, und sie sollten lieber nur 20 Fahrten machen statt 25, denn wir wollen nicht, daß sie sich umbringen. Wir sind nicht nur an ihrer Arbeit interessiert, sondern auch an der Qualität der Arbeit. Deshalb sagen wir ihnen: Uns interessiert die Qualität viel mehr als die Quantität, denn Quantität ohne Qualität ist eine Vergeudung von Ressourcen, Arbeit und Materialien.

Mit dem gleichen Arbeitseifer arbeiten auch die Brigaden, die in den Bergen von Pinar del Río Wege bauen, und überall im Land entstehen Stauseen, man arbeitet effizienter in den Fabriken, in der Landwirtschaft, in den Krankenhäusern und Schulen, überall wird die wirtschaftliche und soziale Entwicklung des Landes energisch vorangetrieben.

Wir haben glücklicherweise in den letzten Jahren viele technisch gut ausgebildete Leute bekommen, die große Erfahrung und ein großes Wissen besitzen, Techniker mit mittlerem und mit Universitätsniveau. Was wir jetzt haben, kann man gar nicht mit dem vergleichen, was wir in den ersten Jahren der Revolution hatten. Als Che an der Spitze des Industrieministeriums stand, wie viele Ingenieure hatten wir da, wie viele Techniker, wie viele Planer, Forscher oder Wissenschaftler? Heute haben wir ungefähr 20mal so viele wie damals, vielleicht noch mehr. Wenn Che über all diese gut ausgebildeten Leute verfügt hätte, wie wir sie heute haben, wieviel mehr hätte er erreichen können!

Wenn wir uns nur den medizinischen Bereich anschauen, so hatten wir damals 3000 Ärzte, und heute sind es 28 000. In jedem Jahr beenden heute so viele Ärzte ihr Studium, wie wir damals insgesamt hatten! Welche Möglichkeiten gibt uns das!

Und vom nächsten Jahr an werden sogar noch mehr Ärzte ihre Exemina ablegen. Können wir damit auf dem Gesundheitssektor nicht all das machen, was wir uns vorgenommen haben? Und was für Ärzte haben wir! Sie gehen aufs Land, sie gehen in die Berge, sie gehen nach Nicaragua, nach Angola, Mosambik, Äthiopien, Vietnam und Kambodscha, sie gehen bis ans Ende der Welt! So sind die Ärzte, die die Revolution ausgebildet hat!

Ich bin sicher, Che wäre stolz gewesen, nicht über die Bummelei und die Kleinkrämerei, sondern über das kulturelle und technische Niveau, das unser Volk heute erreicht hat; über unsere Lehrer, die nach Nicaragua gegangen sind, von denen 100 000 nach Nicaragua gehen wollten; er wäre stolz auf unsere Ärzte, die bereit sind, überall in der Welt zu arbeiten, auf unsere Techniker und alle unsere Landsleute, die internationalistische Pflichten erfüllt haben.

Che wäre stolz auf diese Haltung, die wir heute haben, aber was wir mit unserem Verstand und unserem Herzen geschaffen haben, das dürfen wir nicht mit den Füßen wieder zertreten. Mit all unseren Ressourcen und unserer Kraft müssen wir vorwärts gehen, wir müssen die Möglichkeiten des Sozialismus und der Revolution ausnutzen, um die Menschen zu motivieren. Ich möchte gern wissen, ob es im Kapitalismus auch solche Menschen gibt, von denen wir vorhin gesprochen haben.

Wir müssen uns mit den Internationalisten und den Arbeitern zusammensetzen und sehen, wie sie denken und fühlen, um zu erkennen, wie sie ihre Arbeit lieben. Sie handeln nicht so, weil sie süchtig nach Arbeit sind, sondern um die Zeit wieder einzuholen, die wir im Laufe der Revolution verloren haben, die wir während der 60 Jahre Neokolonialismus verloren haben, die wir in den Jahrhunderten des Kolonialismus verloren haben. Das müssen wir aufholen, und es gibt keine andere Möglichkeit als jene, hart zu arbeiten. Wir dürfen nicht 100 Jahre warten, um 100 Kindergärten in der Hauptstadt zu bauen, wenn wir das auch in zwei Jahren tun könnten; nicht 100 Jahre warten, um 350 Kindergärten im ganzen Land zu bauen, wenn wir das auch in drei Jahren tun können; nicht 100 Jahre warten, um das Wohnungsproblem zu lösen, wenn wir das mit unserer Arbeitskraft, unseren Steinen, unserem Sand, unserem Zement und sogar mit unserem Benzin und unserem hier produzierten Stahl in wenigen Jahren tun können.

Das Jahr 2000 steht vor der Tür, und wir müssen uns ehrgeizige Ziele vornehmen; nicht für das Jahr 3000, nicht für das Jahr 2100 oder 2500, und wer uns das vorschlägt, dem antworten wir: Du kannst dich damit abfinden, wir nicht! Unsere geschichtliche Aufgabe ist die Schaffung eines neuen Landes und einer neuen Gesellschaft, unsere Aufgabe ist es, die Revolution zu machen und das Land zu entwickeln, es ist für uns eine Ehre und ein Privileg, nicht nur die Entwicklung, sondern sogar eine sozialistische Entwicklung voranzutreiben und für eine menschlichere und bessere Gesellschaft zu arbeiten. Denjenigen, die uns zu Faulheit und Nutzlosigkeit ermuntern, werden wir sagen: Wir werden sogar länger als du leben, nicht nur besser, sondern auch mehr Jahre und gesünder, denn du wirst ständig sitzen und dicker werden, du wirst Probleme mit dem Herzen und dem Kreislauf bekommen; Arbeit ist nicht schädlich, sondern nützlich für die Gesundheit, sie schützt die Gesundheit, und durch die Arbeit ist der Mensch zum Menschen geworden.

Die Menschen, die solche Meisterwerke vollbringen, müssen für uns ein Vorbild sein, und sie erfüllen die Losung: Wir wollen so sein wie Che! Sie arbeiten so, wie Che gearbeitet hat und wie er heute arbeiten würde.

Als wir uns überlegten, an welchem Ort die Veranstaltung heute stattfinden sollte, da gab es viele Vorschläge: Es hätte auf dem Platz der Revolution in der Hauptstadt sein können, in einer Provinz oder in irgendeiner Fabrik, der die Arbeiter Ches Namen geben wollen. Wir haben das alles analysiert und haben uns dann für diese neue und wichtige Fabrik, den Stolz von Pinar del Río, entschieden, als ein Beispiel dafür, was Fortschritt und Ausbildung erreichen können in einer Provinz, die vor wenigen Jahren noch vergessen und rückständig war und wo die jungen Arbeiter nun eine so komplexe und komplizierte Industrieanlage handhaben können. Die Räume, in denen diese Schaltkreise hergestellt werden, sind zehnmal sauberer als ein Operationssaal, damit alles in der erforderlichen Qualität hergestellt wird. Was für komplexe Konstruktionen, was für eine Qualität, eine Ausrüstung und eine wunderbare Arbeit hier die Arbeiter von Pinar del Río vollbringen!

Als wir diese Anlage besichtigten, hat sie einen großen Eindruck auf uns gemacht, und das haben wir auch den Genossen im Zentralkomitee mitgeteilt, was alles in dieser Fabrik gemacht wird, wie auch in der mechanischen Industrie, die sich mit großen Schritten weiterentwickelt. Wir haben die Zukunft dieser Industrie gesehen als Herstellerin von Hoch-Technologien, die einen großen Einfluß hat auf die Entwicklung, die Produktivität und die Automatisierung der Produktionsprozesse. Wir haben diese wunderbare Fabrik gesehen, die Ideen, die hier entstehen, und eines Tages wird es ein Kombinat mit Tausenden von Arbeitern werden, der Stolz von Pinar del Río und des ganzen Landes, und in den nächsten fünf Jahren werden hier Investitionen im Wert von 100 Millionen Pesos eingesetzt werden, um die

Industrie zu einem gigantischen Komplex werden zu lassen. Und als wir erfuhren, daß die Arbeiter hier wollten, daß ihre Fabrik Ches Namen trägt, weil dieser sich so um Elektronik, um Computer und Mathematik gekümmert hat, da hat unsere Partei beschlossen, daß hier die Veranstaltung zum Gedenken der Ermordung Ches stattfinden soll und daß diese Fabrik den glorreichen und geliebten Namen Ernesto Che Guevara tragen soll. Ich weiß, daß die Arbeiter, die Ingenieure und Techniker diesen Namen zu würdigen und so zu arbeiten wissen, wie man arbeiten muß. Und wenn wir von Arbeit reden, dann bedeutet das nicht nur immer eine Arbeit von 14, 12, oder 10 Stunden; auch eine gut gemachte Arbeit an einem Achtstundentag ist eine gute Leistung. Wir haben hier viele Genossen und Genossinnen gesehen, vor allem aber Genossinnen, die Mikro-Lötarbeiten machen, was eine harte und wirklich anstrengende Arbeit ist, die ständige Aufmerksamkeit und äußerste Konzentration verlangt. Wir haben gesehen – was man sich kaum vorstellen kann –, daß diese Genossinnen 5000 Mikro-Lötarbeiten an einem einzigen Achtstundentag machen!

Genossinnen und Genossen, denken wir nicht, daß man allein mit Überstunden alle Probleme lösen kann. Es gibt Tätigkeiten, da sind sogar schon acht Stunden sehr viel. Wir hoffen, daß wir eines Tages gestaffelte Arbeitsstunden haben; wir hoffen, daß wir bei bestimmten Tätigkeiten Arbeitszeiten von sechs Stunden einführen können, wenn wir genügend Arbeitskräfte haben, und das werden wir, wenn wir rationell damit umgehen.

Was ich damit sagen will: Dem Namen Ches würdig zu sein, bedeutet auch, den Arbeitstag gut ausnutzen zu können, auf die Qualität zu achten, vielseitig zu sein, bürokratische Exzesse zu vermeiden, organisiert zu arbeiten, das Bewußtsein zu entwickeln.

Ich bin davon überzeugt, das Kollektiv dieser Fabrik ist der Ehre würdig, daß dieses Kombinat Ches Namen trägt, und ebenso würdig ist diese Provinz, daß diese Veranstaltung in diesem Jahr hier durchgeführt wird.

Wenn heute abend noch etwas zu sagen bleibt, dann dieses: Trotz der Schwierigkeiten, trotz so geringer Ressourcen an konvertierbarer Währung wie nie zuvor, trotz der Trokkenperiode, trotz der Verschärfung der imperialistischen Blockade, fühlen wir uns sicher und optimistisch, daß wir all das, was wir uns vorgenommen haben, auch erreichen können, in dem Maße, wie wir sehen, wie das Volk reagiert und wie immer mehr Möglichkeiten auftauchen. Wir werden unsere Ziele erreichen mit dem Volk und mit unseren Prinzipien, mit der Bescheidenheit und Ehrenhaftigkeit jedes einzelnen von uns, der Arbeiter, der Jugendlichen, der Bauern und der Intellektuellen!

Und heute, wo wir Che die Ehre erweisen, die er verdient, sage ich voller Zufriedenheit, wenn Che mehr als jemals zuvor lebt, dann wird auch unser Vaterland mehr als jemals zuvor leben! Wenn er ein mächtigerer Gegner des Imperialismus ist als jemals zuvor, dann wird unser Vaterland auch stärker als jemals zuvor dem Imperialismus und seiner faulenden Ideologie gegenübertreten! Wenn wir den Weg der Revolution gewählt haben, den Weg der sozialistischen Revolution, den Weg zum Kommunismus, dann sind wir heute sehr stolz darauf, diesen Weg gewählt zu haben, denn nur auf diesem Weg kann man Menschen wie Che hervorbringen, kann man ein Volk schmieden, in dem es Millionen Männer und Frauen gibt, die wie Che sind!

Martí hat gesagt: Es gibt Menschen ohne Ehre, und es gibt Menschen, die tragen die Ehre von vielen Menschen in sich! Und wir können hinzufügen: Es gibt Menschen, die haben in sich die Ehre der ganzen Welt, und so ein Mensch ist Che!

Patria o Muerte!

Venceremos!

Gegen den Bürokratismus
April 1963

Unsere Revolution war im wesentlichen das Ergebnis einer Guerillabewegung, die den bewaffneten Kampf gegen die Tyrannei auslöste und in der Machtübernahme kulminierte. Die ersten Schritte als revolutionärer Staat sowie die ganze Anfangsepoche unserer Regierungsführung blieben stark geprägt von den Grundelementen der Guerillataktik, die auch der staatlichen Verwaltung als Form diente. Der ‚Guerillerismus' wiederholte die Erfahrung des bewaffneten Kampfes in den Bergen und den ländlichen Gebieten Kubas in den verschiedenen Verwaltungs- und Massenorganisationen und bewirkte, daß von den Organen der Verwaltung und der Gesellschaft allgemein nur die großen revolutionären Losungen befolgt (und oftmals unterschiedlich interpretiert) wurden. In welcher Form die Probleme zu lösen waren, blieb der freien Entscheidung eines jeden Leiters überlassen.

Bei der Besetzung des ganzen komplexen Apparates der Gesellschaft stießen die Aktionsfelder der ‚Verwaltungs-Guerillas' aufeinander, es gab ständig Reibereien, Orders und Gegenorders, unterschiedliche Auslegungen der Gesetze – die in manchen Fällen auf das genaue Gegenteil hinausliefen – durch Institutionen, die ihre eigenen Diktate in Form von Erlassen ausgaben, unbekümmert um den zentralen Führungsapparat. Nach einem Jahr schmerzlicher Erfahrungen kamen wir zu dem Schluß, es sei unerläßlich, unseren Arbeitsstil völlig umzuwandeln und den Staatsapparat wieder in einer rationalen Weise zu organisieren, gestützt auf die in den sozialistischen Bruderländern bekannten Planungstechniken.

Als Gegenmaßnahme begannen sich also jene mächtigen bürokratischen Apparate zu organisieren, die diese erste Phase des Aufbaus unseres sozialistischen Staates kennzeichnen. Doch der Sprung war zu groß, und eine ganze Reihe von Institutionen, darunter das Industrieministerium, leiteten eine Politik funktioneller Zentralisierung ein, die die Initiative der Betriebsleiter übertrieben eindämmte. Dieses Zentralisierungskonzept erklärt sich aus dem Mangel an mittleren Kadern und der bislang herrschenden anarchistischen Einstellung, die einen enormen Eifer erforderlich machte, um die Erfüllung der Direktiven durchzusetzen. Parallel dazu erschwerte das Fehlen angemessener Kontrollapparate die richtige und rechtzeitige Feststellung von Verwaltungsfehlern (was begünstigte, daß jeder machte, was er wollte). Auf diese Weise bremsten die bewußtesten und schüchternsten Kader ihre Impulse, um sich dem Rhythmus des langsamen Verwaltungsgetriebes anzupassen, indes andere es völlig an Respekt fehlen ließen, sich überhaupt keiner Autorität verpflichtet fühlten und damit neue Kontrollmaßnahmen erzwangen, die ihre Aktivität lahmlegten. So begann unsere Revolution unter dem Bürokratismus genannten Übel zu leiden.

Der Bürokratismus entsteht natürlich weder aus der sozialistischen Gesellschaft, noch ist er einer ihrer obligaten Bestandteile. Die staatliche Bürokratie gab es bereits in der Epoche der bürgerlichen Regime mit ihrem Gefolge von Vetternwirtschaft und Lakaientum, als im Schatten des Haushalts immer mehr Nutznießer heranwuchsen, die den ‚Hofstaat' des Politikers vom Dienst bildeten. In einer kapitalistischen Gesellschaft, in der der ganze Staatsapparat zu Diensten der Bourgeoisie eingerichtet ist, ist seine Bedeutung als Führungsorgan freilich sehr gering, und seine Hauptaufgabe besteht darin, durchlässig genug für jene Nutznießer zu sein und zugleich hermetisch genug, damit das Volk sich in seinen Maschen verfange.

Aufgrund der schwerwiegenden ‚Ursünden' in den alten Verwaltungsapparaten und der nach dem Sieg der Revolution geschaffenen Umstände begann das Übel des Bürokratismus sich mit Macht zu entfalten. Wenn wir gegenwärtig seine Wurzeln aufdecken müßten, so wären den alten Ursachen neue Begründungen hinzuzufügen, und wir kämen dabei zu drei grundlegenden Erklärungen.

Eine ist das Fehlen eines inneren Motors. Damit meinen wir das mangelnde Interesse des Individuums, dem Staat einen Dienst zu erweisen und eine gegebene Situation zu überwinden. Ursache ist ein Mangel an revolutionärem Bewußtsein oder zumindest der Konformismus mit allem, was schlecht läuft.

Es läßt sich eine direkte und augenfällige Verbindung herstellen zwischen dem fehlenden inneren Motor und dem fehlenden Interesse an einer Lösung der Probleme. In diesem Fall (sei es, daß dieses Versagen des ideologischen Motors aus einem absoluten Mangel an Überzeugung entsteht oder aus einem gewissen Maß an Verzweiflung angesichts ständig auftauchender unlösbarer Probleme) nimmt das Individuum (oder die Gruppe von Individuen) Zuflucht zum Bürokratismus, füllt Formulare aus, umgeht seine Verantwortung und führt die schriftliche Verteidigung ein, um weiter zu vegetieren oder um sich gegen die Verantwortungslosigkeit anderer zu wehren.

Eine andere Ursache ist der Mangel an Organisation. Den ‚Guerillerismus' zerstören zu wollen, ohne die nötige Erfahrung in Verwaltungsfragen zu besitzen, führt zu Verzerrungen, zu Engpässen, die den Fluß der Informationen von der Basis wie den der Instruktionen und Regelungen von den zentralen Apparaten aus unnötig hemmen. Manchmal verlieren sich diese oder jene auf Irrwegen, andere werden in schlecht beratene, ungereimte Ausführungsbestimmungen übersetzt, die noch mehr zur Verzerrung beitragen.

Ein Grundmerkmal des Mangels an Organisation ist das Versagen in den Methoden, mit einer Situation fertig zu werden. Beispiele dafür findet man reichlich in den Ministerien, wenn sie auf anderen Ebenen als den ihnen gemäßen Probleme lösen wollen oder wenn sie in falsche Kanäle geraten und sich im Labyrinth der Papiere verlieren. Der Bürokratismus ist der Strohhalm für jenen Funktionärstyp, der seine Probleme auf welche Weise auch immer aus der Welt schaffen will, dabei ein ums andere mal gegen die etablierte Ordnung verstößt, ohne eine Lösung zu finden. Häufig genug ist zu beobachten, daß für eine beträchtliche Anzahl von Funktionären der einzige Ausweg darin besteht, mehr Personal anzufordern für eine Aufgabe, deren einfache Lösung nur ein wenig Logik erforderte. Stattdessen aber verursachen sie nur weiteren unnötigen Papierkrieg.

Wir dürfen nie vergessen – um vernünftige Selbstkritik zu üben –, daß die ökonomische Führung der Revolution für die Mehrzahl der bürokratischen Übel verantwortlich ist: Die staatlichen Apparate entwickelten sich nicht nach einem einheitlichen Plan, dessen internes Funktionieren gründlich untersucht worden war und der genügend Raum ließ für die Erprobung neuer Verwaltungsmethoden. Das Zentralorgan der Wirtschaft, der Zentrale Planungsrat [Junta Central de Planificación], erfüllte seine Führungsaufgabe nicht und konnte sie auch nicht erfüllen, da er nicht die nötige Autorität über die Organisationen besaß, da er sich als unfähig erwies, präzise Anordnungen auszugeben, gestützt auf ein einheitliches System, da er weder über angemessene Kontrollmöglichkeiten, noch über die unentbehrliche Hilfe eines Perspektivplans verfügte. Übertriebene Zentralisierung ohne genaue Organisation bremste jede spontane Aktion, ohne an ihre Stelle richtige und zeitlich angemessene Anweisungen setzen zu können. Eine Fülle von Entscheidungen geringerer Bedeutung verstellte den Blick für die großen Probleme, und so geriet die Lösung aller Probleme ins Stocken, in wirres Durcheinander. Entscheidungen in letzter Minute, in aller Hast ausgeführt und ohne vorherige Analyse, kennzeichneten unsere Arbeit.

Die dritte, sehr wichtige Ursache ist der Mangel an genügend entwickelten technischen Kenntnissen, die es uns erlauben würden, in kurzer Zeit richtige Entscheidungen zu treffen. Da uns dies nicht möglich ist, müssen wir viele Erfahrungen von geringem Wert zusammentragen und versuchen, daraus Schlüsse zu ziehen. Die Diskussionen pflegen endlos zu sein, ohne daß irgendeiner der Beteiligten die nötige Autorität hat, um seinen Standpunkt durchzusetzen. Nach einer, zwei und mehr Versammlungen bleibt das Problem bestehen, bis es sich schließlich von selber löst oder irgendein Beschluß gefaßt werden muß, so schlecht er auch sein mag.

Das fast völlige Fehlen von Kenntnissen, was, wie gesagt, durch eine lange Reihe von Versammlungen wettgemacht wird, führt zum ‚Versammlungsfetischismus', der sich vor allem im Mangel an Weitsicht bei der Lösung der Probleme niederschlägt. In solchen Fällen wird der Bürokratismus, das heißt das Bremsen der gesellschaftlichen Entwicklung in Form von Papierkrieg und Unentschlossenheit, den betroffenen Institutionen zum Schicksal.

Diese drei Hauptursachen prägen jede für sich oder in unterschiedlicher Kombination und mehr oder minder stark das ganze institutionelle Leben des Landes, und der Augenblick ist gekommen, ihren verderblichen Einfluß zu brechen. Es heißt jetzt, konkrete Maßnahmen zu ergreifen, um die staatlichen Apparate flexibler zu gestalten, um eine strenge, zentrale Kontrolle einzurichten, die es der Führung ermöglicht, die Schlüssel der Wirtschaft in der Hand zu halten und ein Maximum von Initiativen freizusetzen dadurch, daß die Entwicklung der Produktivität auf logischen Grundlagen entfaltet wird.

Kennen wir erst einmal die Ursachen und die Auswirkungen des Bürokratismus, so können wir auch genau die Möglichkeiten untersuchen, wie dem Übel abzuhelfen sei. Unter allen unseren Problemen betrachten wir das der Organisation als das ernsteste, und ihm haben wir uns mit aller notwendigen Strenge zu widmen. Hierfür müssen wir unseren Arbeitsstil ändern, müssen Prioritäten schaffen, indem wir jeder Organisation und jeder Ebene spezielle Aufgaben zuweisen, konkrete Beziehungen zwischen jedem einzelnen und den anderen setzen, vom Zentrum wirtschaftlicher Entscheidung bis zur letzten Verwaltungseinheit und horizontal zwischen ihren verschiedenen Komponenten, um damit die

Gesamtheit der Wirtschaftsbeziehungen zu gliedern. Dies ist gegenwärtig die Aufgabe, der unsere Kräfte am besten gewachsen sind und die uns zusätzlich die Möglichkeit bietet, anderen Fronten eine große Zahl Angestellter zuzuweisen, die überflüssig sind, nicht arbeiten, nur minimale Funktionen erfüllen oder die Arbeit anderer ohne irgendein Ergebnis verdoppeln.

Gleichzeitig müssen wir mit allen Kräften eine politische Aktivität entwickeln, um dem Mangel an innerem Antrieb abzuhelfen, das heißt dem Mangel an politischer Klarsicht, der sich als Mangel an Einsatz niederschlägt. Die Ansätze dazu sind: fortwährende Erziehung durch konkretes Erklären jeder Aufgabe, so daß bei den Verwaltungsbeamten ein Interesse an ihrer speziellen Arbeit geweckt wird durch das Vorbild der Vorhut-Arbeiter einerseits und andererseits durch drastische Maßnahmen zur Entfernung der Schmarotzer, sowohl derer, die in ihrer Haltung eine tiefe Feindschaft gegenüber der sozialistischen Gesellschaft verstecken, als auch derer, die mit der Arbeit unheilbar auf Kriegsfuß stehen.

Schließlich müssen wir jene Unterlegenheit korrigieren, die aus dem Mangel an Kenntnissen resultiert. Wir haben die gigantische Aufgabe begonnen, die Gesellschaft in allen Teilen umzuformen, inmitten imperialistischer Aggression, während einer immer stärkeren Blockade, eines völligen Wandels in unserer Technologie, akuter Knappheit an Rohstoffen und Nahrungsmitteln und einer Massenflucht der wenigen qualifizierten Techniker, die wir besaßen. Unter diesen Umständen müssen wir eine sehr ernste und geduldige Arbeit mit der Bevölkerung ins Auge fassen, um die Lücken zu füllen, welche die Verräter zurücklassen und um den Bedarf an gelernten Arbeitskräften zu decken, der sich aus dem schnellen Rhythmus unserer Entwicklung ergibt. Deshalb nimmt die Ausbildung qualifizierter Kräfte einen bevorzugten Platz in allen Plänen der revolutionären Regierung ein.

Die Qualifizierung der aktiven Arbeiter beginnt in den

Arbeitszentren auf der untersten Ausbildungsstufe: Beseitigung jeglicher Reste von Analphabetismus, die in den entlegendsten Orten noch bestehen, danach Fortbildungskurse für diejenigen, die den Abschluß des dritten Schuljahres erreicht haben, Kurse über technisches Grundwissen für Arbeiter mit höherem Niveau, Erweiterungskurse, um qualifizierte Arbeiter zu Unteringenieuren auszubilden, Universitätskurse für jede Art von Fachausbildung und ebenso Verwaltungskurse. Die Absicht der revolutionären Regierung ist es, unser Land in eine große Schule zu verwandeln, in der Studium und Anwendung der Studien einen der Grundfaktoren bilden, um die Lage des Individuums zu verbessern, sowohl wirtschaftlich als auch in bezug auf seine moralische Stellung innerhalb der Gesellschaft und in Einklang mit seinen Fähigkeiten.

Wenn es uns gelingt, den Papierwust zu entwirren und die verwickelten Beziehungen zwischen den Institutionen und ihren Unterabteilungen zu ergründen, diese Doppelung von Funktionen und die häufigen ‚Luftlöcher', in die unsere Institutionen stolpern; dann werden wir die Wurzeln jedes Problems bloßlegen und können zunächst elementare, später vollständigere Organisationsnormen erarbeiten, einen Frontalangriff führen gegen die Unlustigen, die Unklaren, Verworrenen und Faulen, diese Masse umerziehen und erziehen, sie in die Revolution einreihen und die Widerstrebenden entfernen. Wenn wir zugleich unverzagt, welche Hindernisse sich auch immer in den Weg stellen mögen, eine große Erziehungsaufgabe auf allen Ebenen durchführen – dann werden wir in der Lage sein, in kurzer Zeit den Bürokratismus zu liquidieren.

Die Erfahrung der letzten Mobilisierung* hat uns veranlaßt, Diskussionen im Industrieministerium durchzuführen, um das Phänomen zu untersuchen, daß, als es am schwierigsten wurde und das ganze Land seine Kräfte anspannte,

* Che Guevara bezieht sich auf die Mobilisierung zur Verteidigung gegen den nordamerikanischen Invasionsversuch; d. Hrsg.

um den feindlichen Ansturm abzuwehren, die industrielle Produktion nicht sank, das unentschuldigte Fernbleiben von der Arbeit aufhörte und die Probleme unerwartet schnell gelöst wurden. Die Analyse ergab, daß verschiedene Faktoren zusammentrafen, die die Hauptursachen des Bürokratismus zerstörten; ein großer patriotischer und nationaler Elan erfaßte die große Mehrheit des kubanischen Volkes, und jeder Arbeiter verwandelte sich auf seinem Gebiet in einen Soldaten der Wirtschaft, der entschlossen war, jedes Problem zu lösen.

Der ideologische Motor kam so aus dem Ansporn durch die Aggression von außen. Die organisatorischen Normen beschränkten sich darauf, streng abzugrenzen, was nicht getan werden durfte und welches Hauptproblem gelöst werden mußte: auf alle Fälle die Produktion aufrechtzuerhalten, bestimmte Produktionen mit noch größerem Nachdruck zu leisten und die Unternehmen, Fabriken und Organisationen von allen übrigen zweitrangigen, nur in einem normalen Gesellschaftsprozeß notwendigen Funktionen zu entbinden.

Die besondere Verantwortung, die jedes Individuum trug, zwang es, schnelle Entscheidungen zu treffen; wir befanden uns im nationalen Notstand, und Entscheidungen mußten getroffen werden, ob richtig oder falsch; sie mußten getroffen werden, und zwar schnell. So geschah es denn auch in vielen Fällen.

Wir haben die Bilanz dieser Mobilisierung noch nicht gezogen, und selbstverständlich kann sie in finanzieller Hinsicht nicht positiv sein, jedenfalls war sie es aber in bezug auf die ideologischc Mobilisierung, auf die Vertiefung des Bewußtseins der Bevölkerung.

Was ist die Lehre? Daß wir unseren Werktätigen, Arbeitern, Bauern und Angestellten eindringlich erklären müssen, daß die Gefahr der imperialistischen Aggression weiter über unseren Köpfen schwebt, daß es mit dem Frieden nicht weit her ist und wir verpflichtet sind, die Revolution Tag für Tag weiter zu festigen, denn sie ist unser größter

Schutz gegenüber jeder Invasion. Je teurer es für den Imperialismus wird, diese Insel einzunehmen, je stärker unsere Verteidigung und je besser das Bewußtsein unserer Bürger ist, desto mehr wird er es sich überlegen; zu gleicher Zeit aber verschafft uns die wirtschaftliche Entwicklung des Landes größere Erleichterung, bringt uns größerem Wohlstand näher. Daß jenes große Beispiel der Mobilisierung durch die imperialistische Aggression sich in ein permanentes Vorbild verwandele, ist unsere ideologische Aufgabe.

Wir müssen die Verantwortlichkeiten eines jeden Funktionärs analysieren, sie so streng wie möglich innerhalb gesetzter Grenzen festlegen, die unter Androhung härtester Strafen nicht überschritten werden dürfen, und auf dieser Basis müssen wir größtmögliche Befugnisse einräumen. Gleichzeitig müssen wir erforschen, was von grundsätzlicher Bedeutung und was nebensächlich ist an der Arbeit der verschiedenen Einheiten der staatlichen Institutionen und das Nebensächliche einschränken, um größeren Nachdruck auf das Grundsätzliche zu legen und somit schnelleres Handeln zu ermöglichen. Und wir müssen von unseren Funktionären Aktionen fordern, ihnen zeitliche Grenzen setzen für die Durchführung der von den zentralen Institutionen ausgegebenen Instruktionen, genaue Kontrolle ausüben und sie zwingen, in angemessener Zeit Entscheidungen zu fällen.

Wenn es uns gelingt, alle diese Arbeiten zu leisten, wird der Bürokratismus verschwinden. Tatsächlich handelt es sich hier nicht um die Aufgabe einer einzelnen Institution, nicht einmal aller wirtschaftlicher Institutionen des Landes; es handelt sich um die Aufgabe der ganzen Nation, das heißt, der führenden Institutionen, besonders der Einheitspartei der Revolution [Partido Unificado de la Revolución Socialista, später Kommunistische Partei Kubas; d. Hrsg.] und der Massenorganisationen. Wir alle müssen mitarbeiten, um das dringende Gebot des Augenblicks zu erfüllen: *Kampf dem Bürokratismus. Beweglichkeit des Staatsapparats. Ungehemmte Produktion und Verantwortung für die Produktion.*

Betrachtungen über die Kosten
Juni 1963

Unter den zahlreichen Problemen, mit denen sich die sozialistische Wirtschaft in der Planungspraxis konfrontiert sieht, tritt bei Berücksichtigung der durch die Entwicklung der sozialistischen Revolution neu entstandenen Situationen besonders die Analyse der Leitung von Wirtschaftsunternehmen hervor.

Die Grundlage des kapitalistischen Marktes ist das Wertgesetz, das sich direkt auf dem Markt ausdrückt. Eine Analyse des Wertgesetzes unabhängig von der natürlichen Umgebung wie der des Marktes ist undenkbar. Anders gesagt: Der Ausdruck des Wertgesetzes ist der kapitalistische Markt. Während des Aufbaus des Sozialismus verändern sich zahlreiche Produktionsverhältnisse in dem Maße, wie sich die Eigentumsverhältnisse der Produktionsmittel ändern. Der Markt ist nicht mehr geprägt durch die freie Konkurrenz (die Rolle der Monopole einmal nicht berücksichtigt); er erwirbt neue Merkmale im Rahmen des Einflusses des sozialistischen Sektors, der in bewußter Form auf den Warenfonds einwirkt.

In unserem Fall wäre es angesichts des Mangels an Waren sofort zu Preissteigerungen gekommen und damit zu einer Nivellierung des Verhältnisses von Angebot und Nachfrage. Wir sorgten jedoch für das rigide Einfrieren der Preise durch ein Rationierungssystem, bei dem der reale Wert der Waren nicht durch den Markt zum Ausdruck kommt, da diesem jetzt neue Merkmale zufallen. Auch wenn die Rationierung eine zeitlich beschränkte Maßnahme ist, entfernen sich im Laufe der Jahre die Realitäten eines Landes mit Planwirtschaft von den Realitäten außerhalb dieses Landes. Im komplizierten Prozeß von Produktion und Distribution der Produkte spielen Rohstoffe und Ausgaben unterschiedlichster Art eine Rolle bei der Festsetzung der Preise. Wenn alle Produkte in Übereinstimmung mit Preisen wirken, die in gewissen Beziehungen untereinander stehen, die andere als die Beziehungen dieser Produkte auf dem kapitalistischen Markt sind, bildet sich nach und nach ein neues Verhältnis der Preise, das nicht vergleichbar mit denen des Weltmarktes ist. Wie erreicht man es, daß die Preise mit dem Wert übereinstimmen? Wie kann man die Kenntnis des Wertgesetzes bewußt handhaben, um das Gleichgewicht zwischen Warenfonds einerseits und dessen getreuer Widerspiegelung in den Preisen andererseits zu erreichen? Dies ist eins der Probleme der sozialistischen Wirtschaft.

Das erste Land, das den Sozialismus aufgebaut hat, die UdSSR, und auch die Länder, die ihr folgten, faßten den Beschluß, eine wirtschaftliche Planung einzuführen, die sich nur an globalen wirtschaftlichen Ergebnissen durch die finanzielle Entwicklung mißt, wobei die Beziehungen zwischen den einzelnen Wirtschaftsunternehmen in einem mehr oder minder freien Verhältnis geregelt wurden. Auf diese Weise entstand das, was Wirtschaftliche Rechnungsführung genannt wird, ein Begriff, der schlecht aus der russischen Sprache übersetzt wurde, denn korrekterweise müßten wir in spanischer Sprache den Begriff „Selbstfinanzierung der Unternehmen“ oder „Finanzielle Selbstbestimmung“ gebrauchen.

Die finanzielle Selbstbestimmung begründet sich ganz allgemein in der Festlegung globaler Ziele, die sich in finanziellen Ergebnissen reflektieren, die Banken zu nutzen als Organe der primären Kontrolle der Aktivitäten eines Unternehmens und die materiellen Anreize adäquat zu entwikkeln in einer Art und Weise, daß sie unter Beachtung der notwendigen Regeln dazu dienen, eine Tendenz zur maximalen Nutzung der Produktionsanlagen zu erreichen, was sich niederschlägt in höheren Einkommen, sei es des individuellen Arbeiters, sei es des Kollektivs einer Fabrik. In diesem System werden Zinsen auf die den sozialistischen Unternehmen gewährten Kredite als Mittel eingesetzt, den Umschlag der Waren zu beschleunigen.

In der Praxis unserer Wirtschaft haben wir anfangs mit einem Prozeß der Zentralisierung sämtlicher finanziellen Transaktionen der Unternehmen begonnen. Diese Zentralisierung gestattete es uns, substantielle Probleme jener Tage zu lösen. Im Verlauf der Zeit meinten wir, daß die Möglichkeit für die Entwicklung neuer Techniken für noch zentralere Kontrollen gegeben seien (nicht bürokratischer als die vorhandenen und in einigen Fällen für die Industrieunternehmen sogar mit größer Effizienz). Die Grundlage dieses Systems ist die Überlegung, die Fortschritte bei den allgemeinen Buchhaltungstechniken kapitalistischer Unternehmen in einem kleinen Land mit guten Kommunikationsverbindungen – nicht nur durch Land- und Luftverbindungen, sondern auch telefonisch und drahtlos – zu nutzen, um auf dieser Grundlage eine kontinuierliche und aktuelle Kontrolle auszuüben.

In unserem System stellt die Bank dem Unternehmen die Geldmittel zur Verfügung, die im Haushalt dafür vorgesehen sind. Zinsen werden dafür nicht erhoben, da es sich bei diesen Operationen nicht um Kredite handelt. Unsere Konzeption, die lediglich in einigen Wirtschaftsbereichen praktiziert wird, betrachtet ein Produkt als einen langen Prozeß im Rahmen der einzelnen Umwandlungsschritte, die unter Berücksichtigung des sozialistischen Wirtschaftsbereiches erfolgen, bis das Produkt dann erst zur Ware wird, wenn ein Wechsel der Besitzverhältnisse erfolgt. Diese Wandlung erfolgt in dem Moment, in dem das Produkt den staatlichen Bereich verläßt und Eigentum eines Nutzers wird. Der Übergang eines Produktes von einem Unternehmen zu einem anderen, von einem Ministerium zu einem anderen, sollte lediglich betrachtet werden als ein Abschnitt des Produktionsprozesses, bei dem das Produkt zunehmend einen höheren Wert erhält. Die Bank sollte als ein Instrument zur Registrierung dieser Bewegungen angesehen werden. Das einzelne Unternehmen verfügt über keine eigenen Mittel, und daher werden auch alle Einnahmen wieder dem staatlichen Haushalt zugeführt.

Es hat sich gezeigt, daß dieses System funktionsfähig ist. Dennoch sind gewisse Schwächen zu beobachten, die es zum Ziel ernsthafter Kritik werden ließen.

Diese kritischen Äußerungen beziehen sich grundsätzlich auf das Fehlen eines direkten materiellen Anreizes und auf die inhärente Tendenz zur Bürokratisierung.

Jedenfalls ist jetzt nicht der geeignete Moment gegeben, diese Kritik zu diskutieren. Jetzt möchte ich grundsätzlich auf die Bedeutung der ökonomischen Analyse für die Leitung eines mittels des Haushaltsmäßigen Finanzierungssystems geführten Unternehmens eingehen. Wie und unter welchen Voraussetzungen muß diese Analyse erfolgen? Wir gehen davon aus, daß die Produktionskosten der grundlegende Schlüssel dafür ist, daß der Leiter der Produktionseinheit, des Unternehmens oder des Ministeriums im jeweiligen Fall unmittelbar und in groben Zügen das Funktionieren der Produktionseinheit beobachten kann.

Wir insistieren auf Kostenanalyse, denn es ist Bestandteil unserer Konzeption, daß die Übereinstimmung bzw. ein enger Zusammenhang zwischen Produktionskosten und Preisen im sozialistischen Sektor nicht notwendig ist. (Für Kuba, ein wenig entwickeltes Land mit erheblichen auswärtigen Handelsbeziehungen, sind die Beziehungen mit der restlichen Welt von grundlegender Bedeutung.)

Deshalb plädieren wir dafür, daß die allgemeine Struktur der Binnenhandelspreise auf keinen Fall von den Preisen der auswärtigen Märkte losgelöst werden darf, wobei beachtet werden muß, daß diese Preise sich nur auf den sozialistischen Bereich beziehen, wo sie grundlegende Bedeutung als arithmetisches Geld haben, also, eine Form des Messens sind.

Angesichts dieser Einschätzung werden uns die unzähligen Schwierigkeiten vorgehalten, die bedingt sind durch die bereits bestehenden Verzerrungen im Preisgefüge (Außenhandel) und technologische Fortschritte, temporäre Verzerrungen oder die Einwirkung der Monopole auf die Märkte, wodurch sich täglich die Preise auf den internationalen

Märkten verändern. Auch wenn wir dieses Problem noch nicht vollständig analysiert haben, sind wir doch der Meinung, daß es vernachlässigt werden kann, indem wir ein allgemeines System schaffen, das einen gewissen historischen Durchschnitt der Preise auf dem kapitalistischen Weltmarkt berücksichtigt, mit den Korrekturen, die eingeführt werden können durch die Auswirkung der Preise auf dem sozialistischen Markt (die sich heute jedoch im Bereich der Außenwirtschaft sehr denen des kapitalistischen Marktes angleichen) und durch die Erhöhung der Frachtkosten von den Ursprungsländern zu uns. Die so festgelegten Preise würden ohne Veränderungen zumindest für eine gewisse Zeit funktionieren. Wenn die Preise als fundamentale Artikel der Wirtschaft genommen und alle anderen Preise auf dieser Grundlage durch Näherungsrechnungen festgelegt würden, dann würde man sich einem gewichteten Durchschnitt der Weltmarktpreise nähern, der es automatisch gestatten würde, die relative Effektivität aller Wirtschaftszweige in bezug auf den Weltmarkt zu bestimmen.

Es kann auch beobachtet werden, daß die Struktur der Preise ein deformiertes Bild der nationalen Produktivität ergeben würde, da sie lediglich die durchschnittliche weltweite Effektivität messen und so gefährliche Konsumtendenzen hervorrufen würden angesichts von verlockenden Preisen der Produkte, zu deren Herstellung viel mehr Arbeit benötigt wird, als es im Weltmaßstab durchschnittlich erforderlich ist.

Dieser Einwand ist gerechtfertigt, und so müssen einige Indizes ermittelt werden, mit denen jedes Produkt gemäß seiner jeweiligen Rentabilität gewichtet werden muß, um eine korrekte Planung zu ermöglichen. Da dieses System sich auf die zentrale Kontrolle der Wirtschaft stützt, wäre bei größerer Zentralisierung der Entscheidungen die relative Rentabilität nur ein Index, da die allgemeine Produktivität der Wirtschaft von entscheidender Bedeutung ist. Die Produktivität würde sich messen – falls dies möglich ist und wir diese Absicht als ständiges Anliegen mit uns führen –

bezüglich des Wertes auf Weltmaßstab, bzw. bezüglich der Preise für die Bevölkerung.

Dies kann auch nicht im entferntesten bedeuten, daß wir bereits ein Kriterium geschaffen hätten, um die neuen Investitionen zu beurteilen, und daß wir bezüglich der Kosten unserer Industrie und neuer Investitionen gemäß unseren Akkumulationsmöglichkeiten die zu entwickelnden Tendenzen festgelegt hätten. Das wäre genau nicht der Fall, denn das Wertgesetz manifestiert sich auf dem Weltmarkt in einer relativ reinen Form, und unser Binnenbereich wird stark beeinflußt von dem sozialistischen Sektor und der auf lokaler Ebene notwendigen gesellschaftlichen Arbeit, mit der bestimmte Produkte hergestellt werden können. Dabei bleibt unberücksichtigt, daß es durchaus möglich ist, daß uns die Herstellung gewisser Produkte viel mehr interessieren könnte, die nicht die rentabelsten wären, die aber eine größere strategische Bedeutung besitzen oder einfach für die Bevölkerung nützlicher sind. Es darf nicht vergessen werden, und darauf weisen wir erneut hin, daß es einen Preis für die Bevölkerung geben kann, der relativ losgelöst sein kann von dem intern ermittelten Preis in den Unternehmen, die nach diesem System arbeiten. Mit diesem Schema hätten wir einen Spiegel, in dem sich die gesamte Entwicklung der Wirtschaft zu einem gewissen Zeitpunkt widerspiegeln würde. In dieser Art der Organisation, die nicht für das gesamte Land gelten müßte, sondern nur für einige Industriezweige, könnten wir ein stets besser entwikkeltes System der ökonomischen Analyse praktizieren.

Die Kosten würden den realen Maßstab für die Leitung eines Wirtschaftsunternehmens liefern, unabhängig davon, daß diese höher oder niedriger wären als das Niveau der Preise des sozialistischen Sektors (oder in bestimmten, isolierten Fällen als die Endverkaufspreise für die Bevölkerung), da tatsächlich die kontinuierliche Analyse der Leitung des Unternehmens während einer gewissen Zeit von Interesse ist und ihr Erfolg an der Reduzierung der Produktionskosten gemessen wird.

Notwendig ist die Entwicklung eines Systems der Kostenanalyse, das systematisch beim Kampf um die Senkung der Produktionskosten Erfolge belohnt und Mißerfolge bestraft. Ebenso notwendig ist die Erstellung von Normen für den Verbrauch von Rohstoffen, für indirekte Kosten, für Produkte im Produktionsprozeß, für Lagerung von Rohstoffen und Fertigprodukten.

Die Inventarkontrolle muß systematisiert und die ökonomische Analyse all dieser Kostenfaktoren muß systematisch überprüft werden.

In unserem Buchhaltungssystem haben wir die Kosten unterteilt in den Bereich der Rohstoffe und die direkt für den Produktionsprozeß notwendigen Materialien, in die indirekt benötigten Mittel, in Abschreibung und soziale Sicherung, wobei letzteres den Beitrag der staatlichen Unternehmen darstellt, der in Abhängigkeit vom Lohnfonds gemessen wird.

Auf alle diese Bereiche und auf jede einzelne der benannten Komponenten muß eingewirkt werden mit Ausnahme der Steuer und der Sozialversicherung, die in der Realität außerhalb dieser Analyse betrachtet werden müssen. Wenn in der Zukunft die Methoden verbessert werden, muß diese Frage nicht mehr untersucht werden, denn dann wird der Staat einfach jedes Jahr im Staatshaushalt einen Ausgabenposten dafür vorsehen, so daß es möglich sein wird, die Fragen der Sozialversicherung zu klären unabhängig von dem individuellen Lohn, den die Arbeiter erhalten.

Auf den Konsum von Rohstoffen und die direkt im Produktionsprozeß eingesetzten Ressourcen kann eingewirkt werden durch direkte und unmittelbare Einsparungen, durch technologische Veränderungen und durch Verhinderung von Vergeudung. Bei den indirekten Produktionskosten können Einsparungen erfolgen durch Verringerung des Elektrizitätsverbrauchs, Brennstoffe usw., und zwar durch organisatorische Veränderungen oder in anderen Fällen durch technologische Veränderungen; die Kosten für die Arbeitskraft kann relativ gesenkt werden durch allgemeine

Erhöhung der Produktivität. Bezüglich der Abschreibung müssen wir wissenschaftlichere Methoden entwickeln, die diese Frage eindeutig klären und gleichzeitig die Einsatzdauer des Grundfonds erhöhen durch adäquate Wartung, so daß die Abschreibung ein tatsächlicher Akkumulationsfonds wird.

Alles reduziert sich auf den gemeinsamen Nenner bei allen Formen der Analyse: Die Erhöhung der Arbeitsproduktivität ist die Grundlage des Aufbaus des Sozialismus und unverzichtbare Vorausetzung für den Kommunismus.

Nun gut, es gibt verschiedene Aspekte, über die eine Kontrolle der Kosten erreicht werden kann. Der erste Aspekt ist die administrative Sorgfalt beim Umgang mit der Kostenkontrolle durch eine adäquate Organisation, Kontrolle und Weiterbildung der Leitungskader, womit das gesamte Personal an die unmittelbare Kostenanalyse herangeführt und gewöhnt wird, um mit diesen Zahlen als Bestandteil des normalen Arbeitsprozesses umgehen zu können.

Es ist eigentlich natürlich, daß wir heute unzählbare Schwierigkeiten im Umgang damit haben, denn unsere Leitungskader sind nicht an den Umgang mit der ökonomischen Analyse gewöhnt, wozu das geringe kulturelle Niveau ebenso beiträgt wie die Tatsache, daß die Wirtschaft insgesamt nicht gut organisiert ist; aber eine konsequente Aktivität in diesem Sinne kann innerhalb kürzester Zeit reiche Früchte tragen, und genau daran arbeiten wir.

Es muß deutlich hervorgehoben werden, daß die Kostenanalyse nicht implizit zu Maßnahmen führt, mit denen sich die beobachteten Mängel beheben lassen. Es gibt objektive und sehr wichtige Tatsachen, die dies während einer gewissen Zeit verhindern, z. B. die schlechte Organisation des vom Ausland stark abhängigen Imports; die schwach entwickelten Aktivitäten der Wartung, was oft zu unerwarteten Produktionsausfällen führt; die fehlenden Regeln für die juristischen Beziehungen zwischen den Unternehmen, was zu ernsten Verzerrungen bei der Planerfüllung führt, wenn angeforderte Produkte nicht abgenommen oder die Anforderungen von einem Tag zum anderen verändert werden. Es muß festgestellt werden, daß die allgemeinen Schwächen der Planung sowie der Nachteil der Abhängigkeit von externen Lieferungen noch für einige Zeit dafür sorgen werden, daß die Produktionseinheiten und die Unternehmen im Bereich der Kosten abrupte Schwankungen erfahren werden; dies sollte uns jedoch keine so großen Sorgen bereiten wie die Tatsache, daß wir bei solchen Ereignissen diese nicht interpretieren können.

Es kann jedoch auch mit der individuellen Kostenkontrolle gearbeitet werden, also mit jener des Arbeiters während seiner Arbeit, wenn adäquate Arbeitsnormen aufgestellt wurden, bei denen sowohl die Qualität als auch die Quantität der geleisteten Arbeit berücksichtigt werden. Bei der Berücksichtigung dieser Qualität kann insbesondere die Einsparung von Rohstoffen als eine Waffe eingesetzt werden, die innerhalb kürzester Zeit zu substantiellen Ergebnissen führen wird. Dies ist eine Aufgabe, bei der wir erhebliche Erfolge verzeichnen, auch wenn sich diese vielleicht nicht mit der nötigen Geschwindigkeit erzielen lassen.

Es muß ebenfalls insistiert werden auf kollektiver Aufmerksamkeit bei der Kostenentwicklung. Das Kollektiv einer Produktionseinheit wird sich darum bemühen, falls die Analyse ihrer wirtschaftlichen Aktivitäten durch die Kostenanalyse mit Anreizen insbesondere sozialen Charakters verbunden ist, die das Interesse der Arbeiter darauf richtet, die Produktionskosten zwecks Erreichung von Gewinnen zu senken. Hier wird eine Vertiefung des politischen Bewußtseins ebenso gefordert wir ein großer Sprung in der Qualifizierung der Organisation. Die Aktivität der Partei, die diese Aufgabe übernimmt und sie konsequent in die Massen hineinträgt, kann in kurzer Zeit die Haltung der Arbeiter gegenüber der staatlichen Leitung verändern, aber wir können nicht davon träumen, daß die organisatorischen Veränderungen sich mit der gleichen Geschwindigkeit entwickeln können, und so müssen wir uns mit einer zeitlichen Spanne abfinden, in der zahlreiche Anpassungen notwendig sein werden. Wir haben einige vorbildliche Fabriken, in denen Systeme kollektiver Anreize sozialen Charakters erprobt werden, die ein Einwirken auf die Reduzierung der Kosten ermöglichen sollen. Ausdrücklich ist zu betonen, daß diese Analyse auf der Grundlage einer programmierten und strikt eingehaltenen Planung zu erfolgen hat und daß die Einhaltung der Produktionspläne, außer in ganz berechtigten Fällen, der Angelpunkt sein muß, von dem aus die kollektiven Bemühungen analysiert werden müssen, damit sich die Anreize festlegen lassen.

Diese allgemeine Aufgabe ist eingebettet in die Konzeption der Möglichkeit einer zentralisierten Leitung der Wirtschaft, aber wir müssen auch ganz deutlich betonen, daß diese zentrale Leitung nicht bedeuten darf, daß alle Entscheidungen auf höchster Ebene getroffen werden, sondern sie muß einhergehen mit der Festlegung von Abstufungen, so daß die Organisation verhindert, daß die Prinzipien mißachtet werden und alle gezwungen werden, im Rahmen jeder Entscheidungsebene, alle notwendigen Maßnahmen zu ergreifen, um alle anderen Instanzen zu unterstützen. Die vorbereitende Maßnahme, die Beziehungen zwischen den einzelnen Entscheidungsebenen zu bestimmen, bzw. festzulegen, was auf jeder einzelnen Entscheidungsebene getan werden darf und was nicht, dies sind Voraussetzungen für die Funktionstüchtigkeit eines derartigen Systems.

Unsere gesamten Aktivitäten müssen darauf gerichtet sein, daß sich administrative Aufgaben, Kontrolle und Leitung immer mehr in möglichst einfache Aufgaben verwandeln, damit die Anstrengungen der Institutionen sich auf die Planung und die technologische Entwicklung konzentrieren können. Wenn alle Indizes aufgestellt sind und die Kontrolle zur Gewohnheit geworden ist, dann werden die Fortschritte bei der Planung in allen Bereichen der Wirtschaft dazu führen, daß diese Aktivitäten routinemäßig durchgeführt werden und damit keine größeren Probleme mehr darstellen. Ist dieser Zeitpunkt erreicht, werden die modernen Planungsmethoden von großer Bedeutung sein, und wir werden uns dem Idealzustand nähern, daß die Wirtschaft mit Hilfe mathematischer Analyse geleitet werden kann. Damit wird auch ein ausgewogeneres Verhältnis zwischen Akkumulation und Konsum sowie zwischen den einzelnen produktiven Wirtschaftszweigen bestimmt werden können, ohne daß dabei übersehen würde, daß das menschliche Wesen, der Grund für unsere Revolution, sich nicht auf eine reine Formel reduzieren läßt und seine Bedürfnisse zunehmend komplexer werden, wodurch sie die einfache Befriedigung materieller Bedürfnisse transzendieren. Die verschiedenen Zweige der materiellen Produktion werden automatisiert werden, wodurch eine immense Erhöhung der Produktivität jedes Arbeiters erreicht werden wird. Die Freizeit wird dann kulturellen, sportlichen und wissenschaftlichen Aktivitäten in höchster Ausdrucksform gewidmet werden; und die Arbeit wird eine soziale Notwendigkeit werden.

Die Möglichkeit, daß diese entfernte Zukunft sich uns nähert, wird bestimmt durch die technischen Fähigkeiten der Arbeiter und der Spezialisten, die bestmögliche Arbeitsbedingungen in jedem Industriezweig erreichen sollen, und durch die Fähigkeit zur Planung in dem Maße, in dem es gelingt, die wesentlichen Bedürfnisse der Bevölkerung zu verbinden mit den vitalen Bedürfnissen der Wirtschaft und Konsumgüter in einem größtmöglichen Umfang zur Verfügung zu stellen im Rahmen von angemessenen Wachstumsraten. Wenn der wirtschaftliche Fortschritt in dieser Weise konzipiert wird, wird die Aufgabe der Kontrolle relativ einfach sein und spezialisierten Institutionen übertragen werden können, die für diese Aufgabe mit den notwendigen Hilfsmitteln ausgestattet sind.

Wenn in meinem Ministerium heute ein großer Teil der Spezialisten von der Arbeit an den drängendsten Problemen, die aber auch für die Produktion unbedingt gelöst werden müssen, unter Druck gesetzt werden, dann könnte doch ihre Befreiung von derartigen Aufgaben dazu führen, daß sie sich forschenden und schöpferischen Aufgaben wid-

Liebe Leserin, lieber Leser!
Wenn Sie Interesse an aktuellen Informationen über Bücher aus linken Verlagen haben, brauchen Sie nur diese Postkarte auszufüllen oder senden Sie uns eine E-Mail an:
info@che-chandler.com

Ich möchte Informationen über Bücher aus linken Verlagen

Name: **Vorname:**

Strasse:

PLZ: **Ort:**

E-Mail:

„Seien wir realistisch,
versuchen
wir das Unmögliche“ Che

Che & Chandler

„...fünfundzwanzig am Tag plus
Spesen, wenn ich Glück habe.“
Philip Marlowe

Bitte
frei-
machen

Che & Chandler
Breite Str. 47

53111 Bonn

men, wodurch die Sprünge in der Qualität unmittelbar wachsen.

Wir müssen also daran arbeiten, daß die adminstrative Leitung ein perfekter Mechanismus ähnlich wie einem Uhrwerk wird und daß die wichtigsten Impulse für die Produktion über die technologische Entwicklung erreicht werden.

Über den Begriff des Wertes
Oktober 1963

In dieser Ausgabe der Zeitschrift Nuestra Industria – Revista Económica geben wir den Artikel von Alberto Mora wieder, den kürzlich die Zeitschrift Comercio Exterior, herausgegeben vom zuständigen Ministerium, veröffentlichte unter dem Titel: „Zur Frage des Funktionierens des Wertgesetzes in der kubanischen Wirtschaft zum gegenwärtigen Zeitpunkt."

Der Artikel beginnt mit der Feststellung: „Einige Genossen behaupten, daß das Wertgesetz gegenwärtig innerhalb des staatlichen Sektors der kubanischen Wirtschaft nicht funktioniert." Sowohl die Widerlegung der Argumente als auch die Lokalisierung der Angeschuldigten ist wichtig. „Einige" haben weder Vor- noch Nachnamen, aber die Personen, auf die sich die Kritik bezieht, haben sie durchaus; es ist jener Minister für Industrie, der diesen Artikel unterzeichnet sowie der Genosse Luis Alvarez Rom, Finanzminister; ohne jene zu berücksichtigen, die auch betroffen sein könnten, weil sie ebenfalls Anhänger des Haushaltsmäßigen Finanzierungssystems sind.

Wir stellen dies am Anfang fest, da es gut ist, nicht nur die Begriffe festzuhalten, sondern auch die Personen, die sie vertreten.

Wir möchten drei Behauptungen klären, die von Mora in seinen Schlußfolgerungen aufgestellt werden. Wir meinen, daß das wichtigstc zu behandelnde Thema des Artikels nicht seine Auseinandersetzung mit jenen ist, die das Funktionieren des Wertgesetzes bestreiten, sondern seine eigene Definition des Wertes, da diese mit den Ideen von Marx nicht übereinstimmt.

Was ist also der Wert? Wenn wir der Kategorie des Werts irgendeinen konsistenten Sinn geben wollen, so können wir meines Erachtens nicht die Tatsache vernachlässigen, daß sie eine Beziehung aufzeigt (oder besser: ausdrückt). Erstens ist sie ein Maß, und als solches drückt sie eine Beziehung aus; und zweitens ist sie folgerichtig eine Kategorie, die durch den Menschen unter bestimmten Umständen und mit einer bestimmten Absicht geschaffen worden ist, und zwar im Rahmen der von ihm entwickelten gesellschaftlichen Verhältnisse.

Analysieren wir diesen Absatz. Einige Zeilen vorher behauptet Mora, sich auf den Wert beziehend: „Aber das Maß einer Sache ist nicht die Sache an sich"; jetzt: „Erstens ist sie ein Maß, und als solches drückt sie eine Beziehung aus." Dies scheint uns widersprüchlich.

Danach sagt er: „Und zweitens ist sie folgerichtig eine Kategorie, die von Menschen unter bestimmten Umständen und mit einer bestimmten Absicht geschaffen worden ist." Dies steht in völligem Widerspruch zu den Ideen von Marx über die ökonomischen Gesetze der Gesellschaft. Seine ganze Arbeit war darauf gerichtet, das Wesen der Phänomene hinter ihrer Erscheinung zu ergründen, indem er zeigte, daß die verschiedenen, von der Menschheit angenommenen Fetische nur dazu dienen, ihre Unkenntnis zu verschleiern. Wenn der Mensch etwas nicht machen konnte, so war dies, nach unserer Auffassung, den Wert mit einer bestimmten Absicht zu schaffen. Die Produktionsverhältnisse ließen den Wert entstehen; dieser hat eine objektive Existenz, und ob wir ihn kennen oder nicht, ändert nichts an der Realitat seiner Existenz noch an der Spontaneität des Ausdrucks der kapitalistischen Verhältnisse.

Seit Marx wurde der verworrene Mechanismus der kapitalistischen Produktionsverhältnisse erhellt, aber seine Kenntnis verändert die Wirklichkeit kaum; das einzige, was der Mensch tun kann, ist, die Gesellschaft unter bestimmten Bedingungen verändern, aber nicht ihre Gesetze „erfinden".

Weiter unten fügt Mora hinzu: „Man sollte sich daran

erinnern, daß nur eine bestimmte Art von Arbeit Wert schafft: die gesellschaftlich notwendige Arbeit. Das heißt, die Anwendung der begrenzt vorhandenen Ressourcen für die Befriedigung eines gesellschaftlich anerkannten Bedürfnisses. Es ist gerade diese Beziehung, die sich in der Kategorie des Werts ausdrückt; sie ist eigentlich der Wert."

Beachten wir hier: Mora schreibt dem Ausdruck „gesellschaftlich notwendig" einen anderen Sinn zu, als er tatsächlich hat, nämlich den, für die Gesellschaft notwendig zu sein, während sich in Wirklichkeit darin nur das Maß an Arbeit ausdrückt, welches die Gesellschaft in ihrer Gesamtheit aufwenden muß, um einen Wert zu produzieren. Mora schließt mit der Behauptung, daß die Beziehung zwischen den Bedürfnissen und den Ressourcen der Wert sei. Es ist offenbar, daß, wenn die Gesellschaft dem Produkt keinen Nutzen zuerkennt, dieses keinen Tauschwert besitzt (vielleicht daher der begriffliche Irrtum Alberto Moras, wenn er von gesellschaftlich notwendiger Arbeit spricht); aber nicht weniger offenbar ist, daß Marx die Idee des Wertes mit der der abstrakten Arbeit identifiziert. Die Suche nach dem Maß der Arbeit ist gleichbedeutend mit der Suche nach dem Maß des Wertes. Wir lesen im „Kapital" folgendes: „Ein Gebrauchswert oder Gut hat also nur einen Wert, weil abstrakt menschliche Arbeit in ihm vergegenständlicht oder materialisiert ist. Wie nun die Größe seines Wertes messen? Durch das Quantum der in ihm enthaltenen ‚wertbildenden Substanz', der Arbeit."* In der Tat gibt es ohne Gebrauchswert keinen Wert, wie sich auch Gebrauchswert nicht ohne Wert denken läßt (ausgenommen einige Naturkräfte) aufgrund der dialektischen Beziehung, dic zwischen beiden herrscht.

Die Idee, daß die Beziehung Bedürfnis-Ressourcen im Wertbegriff enthalten ist, könnte der Realität näher kommen, was logisch erscheint, da diese Formel austauschbar

* K. Marx, Kapital Bd. 1, Berlin (DDR) 1969, MEW Bd. 23, S. 53.

ist durch jene von Angebot und Nachfrage, die auf dem Markt herrscht, und sie eines der Glieder im Funktionszusammenhang des Wertgesetzes oder des Wertverhältnisses darstellt.

Soweit der erste Einwand, den wir für wichtig halten wegen der Gefahr, die die Schematisierung dieses Problems zur Folge haben würde, wenn man es bis zu einer einfachen Formulierung des Gesetzes von Angebot und Nachfrage weitertreiben würde.

Wenn wir nun zum Anfang des ersten Abschnittes in dem kommentierten Artikel übergehen, stellen wir fest, daß die dortige Einschätzung nicht richtig ist. Wir betrachten das Problem des Wertes in einer anderen Weise. Ich werde mich auf meinen in Nuestra Industria-Revista Económica Nr. 1 veröffentlichten Artikel* beziehen. Dort heißt es:

Wenn alle Produkte in Übereinstimmung mit Preisen wirken, die in gewissen Beziehungen untereinander stehen, die andere als die Beziehung dieser Produkte auf dem kapitalistischen Markt sind, bildet sich nach und nach ein neues Verhältnis der Preise, das nicht vergleichbar mit denen des Weltmarktes ist. Wie erreicht man es, daß die Preise mit dem Wert übereinstimmen? Wie kann man die Kenntnis des Wertgesetzes bewußt handhaben, um das Gleichgewicht zwischen dem Warenfonds einerseits und dessen getreuer Widerspiegelung in den Preisen andererseits zu erreichen? Dies ist eins der ernstesten Probleme der sozialistischen Wirtschaft.

Das heißt, es wird nicht die Gültigkeit des Wertgesetzes in Frage gestellt, sondern es wird in Betracht gezogen, daß dieses Gesetz seine entwickeltste Wirkungsweise durch den kapitalistischen Markt erhält und daß die Veränderungen, die auf dem Markt durch die Sozialisierung der Produktionsmittel und der Distributionsapparate eingeführt werden, Wandlungen mit sich bringen, die eine unmittelbare

* „Betrachtungen über die Kosten", in diesem Band, S. 38 ff.

Beurteilung seiner Wirkungsweise verhindern. Wir behaupten, daß das Wertgesetz die Warenbeziehungen im Bereich des Kapitalismus reguliert und daß deshalb, in dem Maß, wie die Märkte durch irgendeine Ursache verzerrt werden, auch die Wirkungsweise des Wertgesetzes bestimmte Verzerrungen erleiden wird.

Die Form und das Ausmaß, in dem dies geschieht, ist nicht mit der Gründlichkeit studiert worden, mit der Marx seine Untersuchung des Kapitalismus durchführte. Engels und er sahen nicht voraus, daß die Übergangsperiode in wirtschaftlich rückständigen Ländern beginnen könnte, und stellten deswegen keine Untersuchungen und Überlegungen über die ökonomischen Merkmale einer solchen Zeit an.

Lenin hatte nicht die notwendige Zeit, um lange Studien – ein ganzes Leben widmete ihnen Marx – den ökonomischen Problemen dieser Übergangsperiode zu widmen, in der sich die historische Tatsache einer Gesellschaft, die aus dem Kapitalismus kommt, ohne diese Entwicklungsphase zu vollenden und in der noch Reste des Feudalismus erhalten sind, verbindet mit der Konzentration des Eigentums an Produktionsmitteln in den Händen des Volkes.

Dies ist eine reale Tatsache, deren Möglichkeit von Lenin in seinen Studien über die ungleiche Entwicklung des Kapitalismus, die Geburt des Imperialismus und die Theorie des Brechens des schwächsten Gliedes des Systems in Zeiten gesellschaftlicher Erschütterungen, wie z. B. Kriegen, vorausgesehen wurde. Er selbst bewies mit der Russischen Revolution und der Schaffung des ersten sozialistischen Staates die Ausführbarkeit dieser Tatsache, aber er hatte keine Zeit, seine Untersuchungen fortzusetzen, da er sich voll der Konsolidierung der Macht, der Teilnahme an der Revolution widmete, wie er es im abrupten Schluß seines Buches „Staat und Revolution" ankündigte. (Die Summe der Arbeiten Lenins über die Wirtschaft der Übergangsperiode dienen uns als außerordentlich wertvolle Einführung in das Thema, aber es fehlt ihr die Entwicklung und Vertiefung, die ihr die Zeit und die Erfahrung hätten geben müssen.)

In seinen Schlußfolgerungen behauptet Genosse Mora kategorisch: „Im Sozialismus wirkt das Wertgesetz weiter, aber es ist nicht das einzige Kriterium zur Regelung der Produktion. Im Sozialismus wirkt das Wertgesetz durch den Plan."

Wir sind dessen nicht so sicher.

Unter der Annahme, daß ein in allen seinen Kategorien völlig harmonischer Plan aufgestellt wird, muß angenommen werden, daß er ein analytisches Instrument außerhalb seiner selbst enthalten muß, das seine Bewertung ermöglicht, und mir fällt kein anderes Instrument ein als seine eigenen Ergebnisse. Jedoch sind die Ergebnisse ein Beweis a posteriori dafür, daß alles gut läuft oder daß etwas schlecht läuft (in bezug auf das Wertgesetz, versteht sich; denn es kann ja auch Mängel anderen Ursprungs geben). Wir hätten damit zu beginnen, die schwachen Punkte minuziös zu studieren, um zu versuchen, praktische Maßnahmen zu treffen, wieder a posteriori, und die Situation durch wiederholte Versuche zu korrigieren. In jedem Fall wäre das Gleichgewicht zwischen dem Warenfonds und der zahlungskräftigen Nachfrage der Maßstab der Kontrolle, da die Analyse der nicht befriedigten Bedürfnisse nichts erhellen würde, da – per definitionem – die Voraussetzungen, um dem Menschen das zu geben, dessen er bedarf, in dieser Periode nicht existieren.

Nehmen wir etwas Realeres an: daß Maßnahmen in einer bestimmten Situation getroffen werden müssen, Geld ausgegeben werden muß für die Verteidigung, für die Berichtigung großer Disproportionen der inländischen Produktion, für Investitionen, die einen Teil unserer Produktionskapazität für den Konsum verbrauchen und die wegen ihrer strategischen Bedeutung notwendig sind (ich beziehe mich nicht allein auf den militärischen, sondern auch auf den wirtschaftlichen Aspekt). Es werden sich dann Spannungen bilden, die mit administrativen Maßnahmen korrigiert werden müssen, um ein Davonlaufen der Preise zu verhindern, und es werden sich neue Beziehungen bilden, die jedesmal mehr die Wirkung des Wertgesetzes verdunkeln werden.

Auswirkungen kann man immer berechnen; auch die Kapitalisten tun es in ihren Konjunkturuntersuchungen. Im Plan aber wird es eine immer blassere Widerspiegelung des Wertgesetzes geben. Dies ist unsere Meinung über das Thema.

Wir möchten uns noch auf eine andere Stelle des zitierten Artikels beziehen, in der es heißt: „Wenn einige Compañeros bestreiten, daß das Wertgesetz in den Beziehungen zwischen Unternehmen innerhalb des staatlichen Sektors wirkt, argumentieren sie, daß der gesamte staatliche Sektor ein einziges Eigentum darstellt, daß die Unternehmen Eigentum der Gesellschaft sind. Letzteres ist natürlich richtig. Aber ökonomisch ist es ein falsches Kriterium. Das staatliche Eigentum ist noch nicht das voll entwickelte gesellschaftliche Eigentum, das erst im Kommunismus erreicht werden wird." Und später: „Es genügt ganz einfach, auf die Beziehungen zwischen den staatlichen Unternehmen zu achten und zu sehen, wie Widersprüche zwischen ihnen auftreten und sie sich gegenseitig übereinander beschweren, um sich darüber klar zu werden, daß gegenwärtig in Kuba der gesamte staatliche Sektor keineswegs ein einziges großes Unternehmen bildet."

Alberto Mora bezieht sich auf einige Unterhaltungen, die wir gehabt haben, auf eine Ansprache von mir beim Abschluß des Lehrgangs in der Escuela de Administradores* bzw. auf eine unveröffentlichte Broschüre des Genossen Alvarez Rom, in der dieser sich auf unser Thema als ein Anliegen Lenins bezieht. In dieser Broschüre geht es um Fabriken, die als Werkstätten der konsolidierten Unternehmen behandelt werden, und um die Bestrebungen, entsprechend der Entwicklung der Wirtschaft, alle Beziehungen denen anzugleichen, die in einer einzigen großen Fabrik bestehen.

Wir wollen auch darauf hinweisen, daß zwar gewisse Widersprüche zwischen verschiedenen Unternehmen existie-

* Akademie für Unternehmensleitung

ren – und wir sprechen hier nicht von Unternehmen der gesamten Wirtschaft, sondern nur von denen unter der Leitung des Industrieministeriums –, daß aber nicht weniger gewiß Widersprüche existieren zwischen Fabriken eines Unternehmens, zwischen Werkstätten einer Fabrik und manchmal – wie im Fall der Arbeiter einer Brigade, die nach Norm- und Zeitprämien arbeitet – sogar innerhalb der Brigade, die sich, in einem konkreten Beispiel, darin ausdrükken, daß eine Brigade sich weigert, einem ihrer Kollegen zu erlauben, einige Produktionsstunden ausfallen zu lassen, um andere Genossen anzulernen, weil so die Produktivität der Gruppe fällt und somit ihre Löhne. Und doch sind wir dabei, den Sozialismus aufzubauen und die Ausbeutung des Menschen durch den Menschen abzuschaffen.

Gibt es im Kapitalismus, in Werkstätten einer Fabrik, die voneinander abhängig sind, nicht ähnliche Dinge? Ist es vielleicht so, daß beide Systeme Widersprüche ähnlicher Art haben?

Die Widersprüche zwischen den Menschen spiegeln sich ständig im sozialistischen Sektor wider, doch sofern die Menschen nicht an äußerster Verständnislosigkeit oder unrevolutionären Verhaltensweisen kranken, handelt es sich um nichtantagonistische Widersprüche, die sich innerhalb der Grenzen lösen werden, die die Gesellschaft sich als Rahmen ihrer Handlungen setzt. Wir stimmen damit überein, daß der staatliche Sektor noch in keiner Weise ein einziges großes Unternehmen bildet; wegen organisatorischer Mängel, infolge unzureichender Entwicklung unserer Gesellschaft und weil es zwei Finanzierungssysteme gibt. Um unseren Begriff eines einzigen Unternehmens auszudrükken, stützten wir uns hauptsächlich auf die Definition, die Marx von der Ware gibt: „Um Ware zu werden, muß das Produkt dem anderen, dem es als Gebrauchswert dient, durch den Austausch übertragen werden";* und auf die An-

* K. Marx, (bzw. F. Engels), Kapital Bd. 1, Berlin (DDR) 1969, MEW Bd. 23, S. 55

merkung von Engels, in der er erklärt, daß er den Begriff der Ware einführt, um den Fehler derjenigen zu vermeiden, die jedes Produkt als Ware betrachten, das von einem anderen als dem Produzenten selbst verbraucht wird, und daß Feudalabgaben nicht Waren sind, weil kein Austausch stattfindet.

Engels gibt ein Beispiel aus der Feudalgesellschaft; kann dieser Warenbegriff mit seinen entsprechenden Beispielen nicht auch in unserer Gegenwart beim Aufbau des Sozialismus Gültigkeit haben?

Wir meinen, daß der Übergang von einer Werkstatt zur anderen oder von einem Unternehmen zum anderen im entwickelten Haushaltsmäßigen Finanzierungssystem nicht als ein Tauschakt betrachtet werden kann, sondern einfach als ein Akt der Bildung oder Hinzufügung von neuen Werten durch Arbeit. Das heißt, wenn die Ware jenes Produkt ist, welches durch einen Tauschakt den Eigentümer wechselt, und wenn alle Fabriken zum Bereich des Staatseigentums gehören, dann erwirbt im Haushaltsmäßigen Finanzierungssystem, wo sich jenes Phänomen des Eigentumswechsels nicht ereignet, das Produkt erst dann Warencharakter, wenn es auf den Markt gelangt, in die Hände des konsumierenden Volkes übergeht.

Unsere Meinung über die Kosten ist in dem schon zitierten Artikel enthalten, der in dieser Zeitschrift unter meinem Namen erschienen ist; auf ihn verweisen wir den interessierten Leser. Im Hinblick auf die Größe Kubas könnten wir – das Kriterium Moras anwendend – ihm vorschlagen, sein Ministerium in neun autonome Ministerien aufzuteilen, eines pro Stockwerk, und zwar wegen dessen übermäßiger Größe. Wenn er das nicht glaubt, dann soll er versuchen, über die Treppe bis in sein Arbeitszimmer zu gehen, und er wird die Richtigkeit der Behauptung einsehen. Wenn er das Telefon, den Aufzug, die Sprechanlage benutzt, so deswegen, weil sie dazu da sind; die Entfernungen in Kuba werden unter Berücksichtigung der technischen Mittel moderner Kommunikation gemessen, nicht an der Zeit, die unsere Vorfahren benötigten, um von einem Ort zum anderen zu gelangen. Soweit unsere Differenzen.

Wir wollen festhalten, daß diese Polemik, die mit unserer Antwort beginnt, einen hohen Wert für unsere Weiterentwicklung haben kann, in dem Maß, wie wir fähig sind, sie mit größter wissenschaftlicher Strenge und Gleichmut zu führen. Wir weichen Auseinandersetzungen nicht aus, aber da wir uns inmitten einer Diskussion befinden, die bis in die höchsten Ebenen der Regierung und Partei reicht, wo zwei verschiedene theoretische Grundlinien über das Finanzierungssystem vertreten werden, glauben wir, daß es wichtig ist, auf die Form und die Methode der Diskussion zu achten.

Wir begrüßen die Initiative des Genossen Mora, mit seinen Einwänden das Podium der Öffentlichkeit zu betreten, auch wenn es immer besser ist, die Dinge beim Namen zu nennen, und wir beglückwünschen ihn zu der Qualität der Zeitschrift des Außenhandelsministeriums, einer Qualität, die wir mit unserer bescheidenen Zeitschrift zu erreichen versuchen werden.

Über das Haushaltsmäßige Finanzierungssystem
Februar 1964

Vorbemerkung

Über das Thema ist schon einiges gesagt worden, aber noch nicht genug, und ich halte es deshalb für unbedingt notwendig, es gründlicher zu analysieren, um eine klare Vorstellung von seiner Tragweite und Methodologie geben zu können.

Das System erhielt seine amtliche Bestätigung durch das *Gesetz zur Regelung des Haushaltsmäßigen Finanzierungssystems der staatlichen Unternehmen* und seine Taufe im internen Arbeitsprozeß des Industrieministeriums.

Seine Geschichte ist kurz und geht nur bis ins Jahr 1960 zurück, wo es allmählich Konturen annahm. Doch ist es nicht unsere Absicht, seine Entwicklung zu untersuchen, sondern vielmehr das System, so wie es sich heute zeigt – wobei sich versteht, daß seine Entwicklung bei weitem noch nicht abgeschlossen ist.

Unser Interesse liegt in einem Vergleich mit der sogenannten wirtschaftlichen Rechnungsführung; bei diesem System heben wir als grundlegendes Unterscheidungsmerkmal den Aspekt der finanziellen Autonomie hervor; sowie die Einstellung gegenüber dem materiellen Anreiz, da jene auf diesem als Basis aufbaut.

Die Erklärung der Unterschiede ist schwierig, da diese oft dunkel und subtil sind und weil zudem das Studium des Haushaltsmäßigen Finanzierungssystems noch nicht so weit vertieft worden ist, daß die Darstellung es an Klarheit mit der der wirtschaftlichen Rechnungsführung aufnehmen könnte. Wir werden mit einigen Zitaten beginnen. Das erste stammt aus den ökonomisch-philosophischen Manuskripten von Marx, aus der Zeit der Schriften des jungen Marx, als sogar in seiner Sprache das Gewicht der philosophischen Ideen, die zu seiner Entwicklung beigetragen haben, sich stark bemerkbar machte und seine Vorstellungen von der Ökonomie noch weniger präzise waren. Doch Marx hatte die Reife seines Lebens erreicht, er hatte schon die Partei der Unterdrückten ergriffen und erklärte sie philosophisch, wenn auch ohne die wissenschaftliche Strenge des „Kapitals". Er dachte mehr als Philosoph und bezog sich deshalb konkreter auf den Menschen als Individuum und auf die Probleme seiner Befreiung als gesellschaftlichem Wesen, noch ohne die Analyse der Unumgänglichkeit der Auflösung der gesellschaftlichen Strukturen der Epoche zu unternehmen, die bestimmt ist, die Übergangsperiode einzuleiten, die Diktatur des Proletariats. Im „Kapital" zeigt sich Marx als der wissenschaftliche Ökonom, der minuziös den Übergangscharakter der gesellschaftlichen Epochen und ihre Verquickung mit den Produktionsverhältnissen analysiert; er läßt keinen Raum für philosophische Erörterungen.

Das Gewicht dieses Monumentes menschlicher Intelligenz ist derart, daß es uns oft den humanistischen Charakter – im besten Sinn des Wortes – seines Engagements hat vergessen lassen. Die Mechanik der Produktionsverhältnisse und ihre Folge, der Klassenkampf, verbergen bis zu einem gewissen Umfang die objektive Tatsache, daß es Menschen sind, die sich auf der Bühne der Geschichte bewegen. Jetzt interessiert uns der Mensch; aus diesem Blickwinkel gesehen hat das folgende Zitat, obwohl es aus seiner Jugend stammt, nicht weniger Gewicht als Ausdruck des Denkens des Philosophen:

Der Kommunismus *als* positive *Aufhebung des* Privateigentums *als* menschlicher Selbstentfremdung *und darum als wirkliche* Aneignung *des* menschlichen Wesens *durch und für den Menschen; darum als vollständige, bewußt und innerhalb des ganzen Reichtums der bisherigen Entwicklung gewordene Rückkehr des Menschen für sich als eines* gesellschaftlichen, *d. h. menschlichen Menschen. Dieser Kommu-*

nismus ist als vollendeter Naturalismus = Humanismus, als vollendeter Humanismus = Naturalismus, er ist die wahrhafte *Auflösung des Widerstreites zwischen dem Menschen mit der Natur und mit dem Menschen, die wahre Auflösung des Streites zwischen Existenz und Wesen, zwischen Vergegenständlichung und Selbstbetätigung, zwischen Freiheit und Notwendigkeit, zwischen Individuum und Gattung. Er ist das aufgelöste Rätsel der Geschichte und weiß sich als diese Lösung.**

Die Wörter ‚weiß sich' sind hervorgehoben, weil Marx sie für grundlegend bei der Formulierung des Problems hielt; er hatte die Befreiung des Menschen im Sinn und sah im Kommunismus die Lösung der Widersprüche, die seine Entfremdung hervorgerufen haben, aber als bewußten Akt. Das heißt, der Kommunismus kann nicht allein als das Ergebnis von Klassenwidersprüchen in einer hochentwickelten Gesellschaft betrachtet werden, die sich in einer Übergangsetappe lösen werden, um das Ziel zu erreichen; der Mensch ist der bewußte Akteur der Geschichte. Ohne dieses *Bewußtsein,* daß das Bewußtsein seines gesellschaftlichen Wesens einschließt, kann es keinen Kommunismus geben.

Während der Arbeit am ‚Kapitel' gab Marx seine radikale Haltung nicht auf; als 1875 der Gothaer Kongress zur Vereinigung der bestehenden Arbeiterorganisationen in Deutschland (Sozialdemokratische Arbeiterpartei und Allgemeiner Deutscher Arbeiterverein) stattfand, und das Programm selben Namens erarbeitet wurde, war seine Antwort die Kritik des Gothaer Programms.

Diese Schrift, während seiner grundlegenden Untersuchungen und mit einer klaren polemischen Zielrichtung geschrieben, ist deshalb wichtig, weil er darin, wenn auch nur beiläufig, das Thema der Übergangsperiode berührt. Bei

* K. Marx, Ökonomisch-philosophische Manuskripte (1844), MEW Ergänzungsband (Berlin 1968), S. 536 (MEGA I, 3, S. 114); im Original keine Hervorhebung von *weiß sich*.

der Analyse des Punktes 3 des Gothaer Programms befaßt er sich mit einigen der wichtigsten Themen dieser Periode, die er als das Ergebnis der Auflösung des entwickelten kapitalistischen Systems betrachtet. In dieser Etappe ist der Gebrauch von Geld nicht vorgesehen, jedoch die individuelle Vergütung der Arbeit, denn:

*Womit wir es hier zu tun haben, ist eine kommunistische Gesellschaft, nicht, wie sie sich auf ihrer eigenen Grundlage entwickelt hat, sondern umgekehrt, wie sie eben aus der kapitalistischen Gesellschaft hervorgeht, also in jeder Beziehung, ökonomisch, sittlich, geistig, noch behaftet ist mit den Muttermalen der alten Gesellschaft, aus deren Schoß sie kommt. Demgemäß erhält der einzelne Produzent – nach den Abzügen – exakt zurück, was er ihr gibt. Was er ihr gegeben hat, ist sein individuelles Arbeitsquantum.**

Marx konnte die Entwicklung des imperialistischen Weltsystems nur ahnen; Lenin untersuchte es und gibt seine Diagnose:

Die Ungleichmäßigkeit der ökonomischen und politischen Entwicklung ist ein unbedingtes Gesetz des Kapitalismus. Hieraus folgt, daß der Sieg des Sozialismus zunächst in wenigen kapitalistischen Ländern oder sogar in einem einzeln genommenen Lande möglich ist. Das siegreiche Proletariat dieses Landes würde sich nach Enteignung der Kapitalisten und nach Organisierung der sozialistischen Produktion im eigenen Lande der übrigen, der kapitalistischen Welt entgegenstellen, *würde die unterdrückten Klassen der anderen Länder auf seine Seite ziehen, in diesen Ländern den Aufstand gegen die Kapitalisten entfachen und notfalls sogar mit Waffengewalt gegen die Ausbeuterklassen und ihre Staaten vorgehen. Die politische Form der Gesellschaft, in der das Proletariat siegt, indem es die Bourgeoisie stürzt, wird die demokra-*

* K. Marx, Kritik des Gothaer Programms, MEW Bd. 19, S. 20

tische Republik sein, die die Kräfte des Proletariats der betreffenden Nation oder der betreffenden Nationen im Kampf gegen die Staaten, die noch nicht zum Sozialismus übergegangen sind, immer mehr zentralisiert. Die Abschaffung der Klassen ist unmöglich ohne die Diktatur der unterdrückten Klassen, des Proletariats. Die freie Vereinigung der Nationen im Sozialismus ist unmöglich ohne einen mehr oder minder langwierigen, hartnäckigen Kampf der sozialistischen Republiken gegen die rückständigen Staaten. *

Wenige Jahre später systematisierte Stalin** diese Idee, wobei er sogar die sozialistische Revolution in den Kolonien für möglich hielt:

Der dritte Widerspruch ist der Widerspruch zwischen der Handvoll herrschender ‚zivilisierter' Nationen und den Hunderten von Millionen der kolonialen und abhängigen Völker der Welt. Der Imperialismus ist die schamloseste Ausbeutung und unmenschlichste Unterdrückung der Hunderte von Millionen zählenden Bevölkerung riesiger Kolonien und abhängiger Länder. Extraprofit herauszupressen – das ist das Ziel dieser Ausbeutung und dieser Unterdrückung. Der Imperialismus ist aber gezwungen, in den Ländern, die er ausbeutet, Eisenbahnen, Fabriken und Werke zu bauen, Industrie- und Handelszentren anzulegen. Das Aufkommen der Klasse der Proletarier, das Entstehen einer einheimischen Intelligenz, das Erwachen des nationalen Selbstbewußtseins, das Erstarken der Befreiungsbewegung – das sind die unvermeidlichen Folgen dieser ‚Politik'. Das Erstarken der revolutionären Bewegung in allen Kolonien und abhängigen Ländern ohne Ausnahme beweist dies augenfällig. Dieser Umstand ist für das Proletariat deshalb wichtig, weil er die Positionen des Kapitalismus an der Wurzel unterhöhlt, indem er die Kolo-

* W. I. Lenin, Werke, Berlin (DDR) 1977, Bd. 21, S. 345.

* J. Stalin, Über die Grundlagen des Leninismus, in: Stalin, Werke, Berlin (DDR) 1950, Bd. 6, S. 65.

*nien und abhänigen Länder aus Reserven des Imperialismus in Reserven der proletarischen Revolution verwandelt.**

Die Thesen Lenins bewiesen sich in der Praxis durch den Sieg in Rußland, der zur Geburt der UdSSR führte.

Wir stehen vor einem neuen Phänomen: Die sozialistische Revolution kommt in einem einzigen Land zustande, das wirtschaftlich rückständig ist, mit einer Fläche von 22 Millionen Quadratkilometern, geringer Bevölkerungsdichte und einer durch den Krieg verschärften Armut und, als wäre das noch nicht genug, das von den imperialistischen Mächten angegriffen wird.

Nach einer Periode des Kriegskommunismus legte Lenin die Grundlagen der NÖP (Neue Ökonomische Politik) und damit die Grundlagen für die Entwicklung der sowjetischen Gesellschaft bis in unsere Tage.

Hier muß auf die Situation hingewiesen werden, in der sich die Sowjetunion befand, und keiner ist hierzu besser imstande als Lenin selbst:

Ich war also damals im Jahre 1918 der Meinung, daß gegenüber der damaligen wirtschaftlichen Lage der Sowjetrepublik der Staatskapitalismus ein Schritt vorwärts wäre. Das klingt sehr seltsam und vielleicht sogar widersinnig, denn auch damals war unsere Republik eine sozialistische Republik; damals trafen wir täglich so schnell wie möglich – wahrscheinlich allzu schnell – verschiedene neue wirtschaftliche Maßnahmen, die nicht anders als sozialistische genannt werden konnten. Und trotzdem meinte ich damals, daß der Staatskapitalismus gegenüber der damaligen Wirtschaftslage der Sowjetrepublik einen Schritt vorwärts bedeutet, und ich erläuterte diesen Gedanken weiter, indem ich einfach die Elemente der wirtschaftlichen Struktur Rußlands aufzählte. Diese Elemente waren nach meiner Meinung: ,1. eine patriarchalische, d. h. im höchsten Grad primitive Landwirtschaft; 2. die kleine Warenproduktion (hierher gehört die Mehrzahl der Bauern, die mit Getreide handeln); 3. Privatkapitalismus;

4. Staatskapitalismus und 5. Sozialismus.' Alle diese ökonomischen Elemente waren im damaligen Rußland vertreten. Damals machte ich mir zur Aufgabe, klarzustellen, in welchem Verhältnis diese Elemente zueinander stehen und ob wir vielleicht ein nichtsozialistisches Element, nämlich den Staatskapitalismus, höher einzuschätzen haben als den Sozialismus. Ich wiederhole: Es wird allen recht seltsam erscheinen, daß in eine Republik, die sich für sozialistisch erklärt hat, ein nichtsozialistisches Element höher bewertet erscheint, als höherstehend anerkannt wird als der Sozialismus. Doch die Sache wird verständlich, wenn Sie sich erinnern, daß wir damals die ökonomische Struktur Rußlands keineswegs als einheitlich und hochstehend betrachteten, sondern uns vollständig bewußt waren, daß wir in Rußland sowohl eine patriarchalische Landwirtschaft, d. h. die primitivste Form der Landwirtschaft, als auch eine sozialistische Form haben. Welche Rolle könnte nun der Staatskapitalismus unter solchen Umständen spielen? . . .
Nachdem ich nun betont habe, daß wir den Staatskapitalismus schon 1918 als mögliche Rückzugsstellung bezeichnet haben, gehe ich zu den Resultaten unserer Neuen Ökonomischen Politik über. Ich wiederhole: Damals war das noch eine ganz vage Idee, im Jahre 1921 aber, nachdem wir die wichtigste Etappe des Bürgerkrieges schon zurückgelegt, und zwar siegreich zurückgelegt hatten, kam es zu einer großen – ich glaube, der größten – inneren politischen Krise Sowjetrußlands, die dazu führte, daß nicht nur ein sehr großer Teil der Bauern unzufrieden war, sondern auch ein großer Teil der Arbeiter. Das war das erste und, ich hoffe, auch das letzte Mal in der Geschichte Sowjetrußlands, daß wir die großen Massen der Bauern gegen uns hatten, zwar nicht bewußt, so doch instinktiv, stimmungsmäßig. Was war die Ursache dieser eigentümlichen und für uns natürlich sehr unangenehmen Lage? Die Ursache war, daß wir bei unserem ökonomischen Vordringen zu weit gegangen waren, daß wir unsere Basis nicht genügend gesichert hatten, daß die Massen schon fühlten, was wir damals noch nicht bewußt formulieren vermoch-

*ten, was aber auch wir nach ganz kurzer Zeit, nach einigen Wochen, erkannten, nämlich, daß der direkte Übergang zu einer rein sozialistischen Wirtschaftsform, zur rein sozialistischen Verteilung der Güter unsere Kräfte übersteigt und daß wir, wenn wir es nicht fertigbrächten, den Rückzug derart vorzunehmen, daß wir uns auf leichtere Aufgaben beschränken, zugrundegehen werden.**

Wie man sieht, machte die wirtschaftliche und politische Lage der Sowjetunion den Rückzug notwendig, von dem Lenin sprach. Deshalb kann diese ganze Politik als eine Taktik charakterisiert werden, die eng mit der historischen Situation des Landes verknüpft war, und daher darf nicht allen seinen Aussagen universelle Geltung zugeschrieben werden. Es scheint uns, daß zwei außerordentlich wichtige Faktoren für ihre Anwendung in anderen Ländern in Betracht gezogen werden müssen:

1. Die charakteristischen Bedingungen des zaristischen Rußlands zur Zeit der Revolution, hierin eingeschlossen die Entwicklung der Technik auf allen Ebenen, der besondere Charakter des Volkes, die allgemeinen Bedingungen des Landes, zu denen die Zerstörungen durch einen Weltkrieg und die Verwüstungen durch die weißen Horden und die imperialistischen Invasoren hinzukommen.
2. Die allgemeinen charakteristischen Bedingungen der Epoche bezüglich der Methoden der Leitung und Kontrolle der Wirtschaft.

* W. I. Lenin, Fünf Jahre russische Revolution und die Perspektiven der Weltrevolution. Referat auf dem IV. Kongreß der Komintern am 13. November 1922, W. I. Lenin, Werke, Bd. 33, Berlin (DDR) 1966, S. 406.

Oskar Lange schrieb in seinem Artikel „Die gegenwärtigen Probleme der Wirtschaftswissenschaft in Polen“:*

Die bürgerliche Wirtschaftswissenschaft übt noch eine andere Funktion aus. Die Bourgeoisie und ebenso die Monopole gewähren bedeutende Mittel für die Errichtung von höheren Schulen und Instituten, die sich mit wissenschaftlichen Analysen auf dem Gebiet der ökonomischen Wissenschaften befassen, nicht nur zu dem Zweck, in ihnen eine Hilfe für die Rechtfertigung des kapitalistischen Systems zu haben. Sie verlangen von den Ökonomen etwas mehr, nämlich eine Hilfe bei der Lösung der zahlreichen Probleme, die mit der Wirtschaftspolitik zusammenhängen. In der Epoche des Konkurrenzkapitalismus waren die Aufgaben auf diesem Gebiet noch beschränkt; sie betrafen allein die Finanzverwaltung, die Geld- und Kreditpolitik, die Zollpolitik, das Verkehrswesen usw. Aber unter den Bedingungen des Monopolkapitalismus und besonders unter den Bedingungen eines wachsenden Eindringens des Staatskapitalismus in das Wirtschaftsleben wachsen die Probleme dieser Art. Wir können einige aufzählen: die Marktanalyse, um die Preispolitik der großen Monopole zu erleichtern; die Methoden einer Gruppe von Industrieunternehmen unter zentralisierter Leitung; die wechselseitigen Regelungen der Buchhaltung zwischen diesen Unternehmen, die programmierte Verknüpfung ihrer Tätigkeit und Entwicklung ihrer aufeinander abgestimmten Standortwahl, die Abschreibungs- oder Investitionspolitik. Aus alledem ergeben sich die Fragen, die mit der Tätigkeit des kapitalistischen Staates in der gegenwärtigen Periode zusammenhängen, wie auch die Kriterien der Tätigkeit der verstaatlichten Industrien, ihrer Investitions- und Standortpolitik (zum Beispiel auf dem Gebiet der Energieversorgung), der Art der

* Titel im spanischen Original: Los problemas actuales de la ciencia económica en Polonia; hier wie bei den meisten Zitaten macht Guevara keine genauen Quellenangaben. Die deutsche Fassung ist aus dem Spanischen übertragen. (Anm. d. Hrsg.)

wirtschaftlichen Intervention in die Gesamtheit der Volkswirtschaft usw.

Zu allen diesen Problemen hat sich eine Reihe von technisch-ökonomischen Errungenschaften gesellt, die teilweise und auf bestimmten Gebieten von uns beim Aufbau des sozialistischen Systems gebraucht werden können, z. B. bei der Marktanalyse oder bei der Planung der Tätigkeit der Unternehmen, die Teil einer Gruppe sind, oder bei den Methoden der Buchhaltung innerhalb einer Fabrik oder Gruppe, bei den Kritikern für die Abschreibung usw. (wie sie ohne Zweifel in der Zukunft die Arbeiter der heute noch kapitalistischen Länder verwenden werden, sobald sich der Übergang zum Sozialismus vollzieht).

Es muß bemerkt werden, daß Kuba den Übergang nicht vollzogen, ja nicht einmal seine Revolution begonnen hatte, als dies geschrieben wurde. Viele der technischen Fortschritte, die Lange beschreibt, gab es in Kuba; d. h. die Bedingungen der kubanischen Gesellschaft jener Epoche erlaubten die zentralisierte Kontrolle einiger Unternehmen, deren Sitz Havanna oder New York war. Die Empresa Consolidada del Petróleo, die aus der Vereinigung der drei vorhandenen imperialistischen Raffinerien (Esso, Texaco und Shell) hervorgegangen ist, behielt das System der Kontrollen bei und vervollkommnete es in einigen Fällen; es wird in diesem Ministerium* als Modell angesehen. In den Unternehmen, in denen es weder eine Tradition der Zentralisierung noch die praktischen Bedingungen gab, wurden diese auf der Grundlage einer nationalen Erfahrung geschaffen, wie in der Empresa Consolidada de la Harina**, die damit den ersten Platz unter den Unternehmen des Vizeministeriums für Leichtindustrie errang.

* Gemeint ist Guevaras Industrieministerium (Anm. d. Hrsg.)
** Eine freie Übertragung wäre: VVB Mehl und Mehlprodukte (Anm. d. Hrsg.)

Obwohl uns die Praxis der ersten Tage der Verwaltung der Industrie völlig von der Unmöglichkeit überzeugt hatte, vernünftigerweise einen anderen Weg einzuschlagen, wäre es jetzt müßig zu diskutieren, ob die getroffenen organisatorischen Maßnahmen durch die Einführung der Autonomie auf der Ebene der Betriebseinheit ähnliche oder bessere Ergebnisse gebracht hätten; wichtig ist, daß sie unter sehr schwierigen Bedingungen durchgeführt werden konnten und daß die Zentralisierung es ermöglichte – z. B. im Falle der Schuhindustrie –, eine große Anzahl uneffizienter Kleinbetriebe aufzulösen und sechstausend Arbeiter anderen Zweigen der Produktion zuzuweisen.

Mit dieser Reihe von Zitaten haben wir versucht, die Themen festzulegen, die wir für die Erklärung des Systems als grundlegend betrachten:

Erstens: Der Kommunismus ist ein Ziel, das die Menschheit nur bewußt erreicht; daher ist die Erziehung, die Beseitigung der Deformationen der alten Gesellschaft im Bewußtsein der Menschen, ein Faktor von höchster Bedeutung; wobei natürlich nicht zu vergessen ist, daß ohne gleichzeitige Fortschritte in der Produktion eine kommunistische Gesellschaft nie erreicht werden kann.

Zweitens: Die Formen der Leitung der Wirtschaft, als technischer Aspekt der Frage, müssen von dort übernommen werden, wo sie am weitesten entwickelt sind, und können an die neue Gesellschaft angepaßt werden. Die Technologie der Petrochemie des imperialistischen Lagers kann vom sozialistischen Lager ohne Furcht vor einer *Ansteckung* durch die bügerliche Ideologie angewandt werden. Auf ökonomischem Gebiet (alles, was sich auf technische Normen der Leitung und Kontrolle der Produktion bezieht) gilt dasselbe.

Man könnte, wenn es nicht als anmaßend empfunden wird, Marx in seiner Bezugnahme auf die Hegelsche Dialektik paraphrasieren und sagen, daß einige dieser Techniken vom Kopf *auf die Füße gestellt* werden können.

Eine Analyse der Methoden der Buchhaltung, die heutzutage in den sozialistischen Ländern üblicherweise angewendet werden, zeigt uns, daß zwischen diesen und den unseren ein Begriffsunterschied liegt, der jenem entsprechen könnte, der im kapitalistischen Lager zwischen Konkurrenz- und Monopolkapitalismus besteht. Letzten Endes dienten die bestehenden Techniken als Grundlage für die Entwicklung beider Systeme, allerdings auf die Füße gestellt; aber von da an trennen sich die Wege, da der Sozialismus seine eigenen Produktionsverhältnisse und folglich seine eigenen Erfordernisse hat.

Wir können also sagen, daß, methodisch, der Vorläufer des Haushaltsmäßigen Finanzierungssystems das in Kuba etablierte imperialistische Monopol war, das bereits die Veränderungen durchgemacht hatte, die in dem langen Entwicklungsprozeß der Technik der Leitung und Kontrolle enthalten sind, wie er von den Anfängen des monopolistischen Systems bis in unsere Tage geht, wo er seine höchste Stufe erreicht. Als sich die Monopolisten zurückzogen, nahmen sie ihre höheren Kader und einige mittlere mit; zugleich führte uns unser unreifer Revolutionsbegriff zur Abschaffung einer Reihe von eingeführten Verhaltensweisen, allein deshalb, weil sie kapitalistisch waren. Daher kommt es, daß unser System noch nicht den Grad der Effektivität erreicht hat, den die einheimischen Filialen der Monopole in der Leitung und Kontrolle der Produktion besaßen; doch diesen Weg gehen wir und fegen das Laub der Vergangenheit beiseite.

Allgemeine Unterschiede zwischen der wirtschaftlichen Rechnungsführung und dem Haushaltsmäßigen Finanzierungssystem

Zwischen der wirtschaftlichen Rechnungsführung und dem Haushaltsmäßigen Finanzierungssystem bestehen Unterschiede verschiedenen Grades; wir werden versuchen, sie in zwei große Gruppen einzuteilen und sie kurz zu erklären.

Es gibt einen methodologischen – wir würden sagen, praktischen – Unterschied und Unterschiede von grundlegendem Charakter, deren Natur aber der Analyse einen scholastischen Anstrich geben, wenn nicht mit großer Sorgfalt vorgegangen wird.

An dieser Stelle ist es zweckmäßig zu erklären, daß das, was wir suchen, eine wirksamere Form ist, um den Kommunismus zu erreichen; hier gibt es keine prinzipielle Meinungsverschiedenheit. Die wirtschaftliche Rechnungsführung hat ihre praktische Leistungsfähigkeit gezeigt, und von denselben Grundlagen ausgehend werden dieselben Ziele aufgestellt. Wir glauben, daß der Aktionsplan unseres Systems, wenn er angemessen entwickelt wird, auf der Grundlage einer umfassenden Aktion die Leistungsfähigkeit der wirtschaftlichen Tätigkeit des sozialistischen Staates erhöhen, das Bewußtsein der Massen vertiefen und das sozialistische Weltsystem enger verbinden kann.

Der auffälligste Unterschied wird sichtbar, wenn wir vom Unternehmen sprechen. Für uns ist ein Unternehmen eine Vielzahl von Fabriken oder Einheiten, die eine ähnliche technologische Grundlage, ein gemeinsames Ziel ihrer Produktion oder, in einigen Fällen, einen umgrenzten geographischen Standort haben; für das System der wirtschaftlichen Rechnungsführung ist ein Unternehmen eine Produktionseinheit mit eigenem Rechtsstatus. Eine Zuckerzentrale ist nach dieser Methode ein Unternehmen; für uns dagegen bilden alle Zuckerzentralen und andere Einheiten, die eine Beziehung zum Zucker haben, die Empresa Consolidada del Azúcar. In letzter Zeit sind in der UdSSR Versuche dieser Art, die an die spezifischen Bedingungen dieses Bruderlandes angepaßt sind, unternommen worden (vgl. I. Iwonin, Die Kombinate der sowjetischen Unternehmen – die neue Verwaltung der Industrie, in: Nuestra Industria – Revista Económica, Nr. 4).

Ein anderer Unterschied ist die Form der Anwendung des Geldes. In unserem System fungiert es allein als rechnerische Größe, als Widerspiegelung der Tätigkeit des Unternehmens in Preisen, die dann von den zentralen Organisationen analysiert wird, um eine Kontrolle über ihr Funktionieren auszuüben; bei der wirtschaftlichen Rechnungsführung hat es nicht allein diese Funktion, sondern ist auch Zahlungsmittel, das als indirektes Kontrollinstrument wirkt, da es diese Fonds sind, die der Einheit zu arbeiten gestatten; ihre Beziehungen zur Bank sind jenen eines privaten Produzenten zu den kapitalistischen Banken ähnlich, denen er ausführlich seine Pläne erklären und seine Zahlungsfähigkeit nachweisen muß. Natürlich wirkt in diesem Fall nicht die willkürliche Entscheidung, sondern die Bindung an einen Plan, und die Beziehungen finden zwischen staatlichen Organisationen statt.

In Übereinstimmung mit der Form der Anwendung des Geldes haben unsere Unternehmen keine eigenen Fonds; bei der Bank sind getrennte Konten vorhanden, um sie abzuheben und zu deponieren. Das Unternehmen kann Fonds nach dem Plan abheben, sowohl vom allgemeinen Ausgabenkonto als auch vom Sonderkonto zur Lohnzahlung; aber bei einer Einzahlung gehen die Mittel automatisch in die Verfügungsgewalt des Staates über.

Die Unternehmen der meisten Bruderländer haben eigene Fonds bei den Banken, die sie durch Kreditaufnahme bei diesen erweitern, für die sie Zinsen zahlen; wobei nicht zu vergessen ist, daß diese eigenen Fonds ebenso wie die Kredite der Gesellschaft gehören und daß in ihrer Bewegung der finanzielle Stand des Unternehmens zum Ausdruck kommt.

Was die Arbeitsnormen angeht, wenden die Unternehmen der wirtschaftlichen Rechnungsführung die nach Zeit normierte Arbeit und die Arbeit pro Stück oder Stunde (Akkord) an; wir versuchen in allen unseren Fabriken die Arbeit nach Zeitnorm einzuführen, mit Prämien bei Übererfüllung, die durch den Tarif der nächsten Stufe begrenzt sind. Darauf werden wir später im einzelnen eingehen.

Im voll entwickelten System der wirtschaftlichen Rechnungsführung gibt es ein rigides Vertragssystem, mit Geldstrafen bei Nichteinhaltung und auf der Grundlage eines nach jahrelanger Erfahrung aufgebauten juristischen Gerüstes. In unserem Lande gibt es eine derartige Struktur noch nicht, nicht einmal für die autonomen Organisationen, wie das INRA*, und ihre Einführung ist wegen der Tatsache, daß zwei derart verschiedene Systeme gleichzeitig bestehen, besonders schwierig. Vorläufig gibt es die Comisión de Arbitraje**, die keine exekutiven Befugnisse hat, deren Bedeutung aber nach und nach wächst und die die Grundlage unserer zukünftigen juristischen Struktur sein kann. Intern, d. h. zwischen Organisationen, die der Haushaltsmäßigen Finanzierung unterworfen sind, ist die Entscheidung einfach; es können administrative Maßnahmen getroffen werden, sofern die Kontrollkonten gut geführt und auf dem Laufenden sind (was bei den meisten Unternehmen dieses Ministeriums der Fall ist).

Von der Grundlage ausgehend, daß bei beiden Systemen der allgemeine staatliche Wirtschaftsplan die höchste Autorität besitzt, können Analogien und Unterschiede der Funktionsweise dahingehend zusammengefaßt werden, daß die Autonomie auf einer zentralisierten Globalkontrolle und einer stärker ausgeprägten Dezentralisierung beruht; daß die indirekte Kontrolle durch Vermittlung „des Rubels", durch die Bank ausgeübt wird und das Geldresultat der Tätigkeit als Maß für die Prämien dient; das materielle Interesse ist der große Hebel, der die Arbeiter individuell und kollektiv antreibt.

Das Haushaltsmäßige Finanzierungssystem beruht auf einer zentralisierten Kontrolle der Tätigkeit des Unternehmens; sein Plan und seine wirtschaftliche Verwaltung werden von zentralen Organen *direkt* kontrolliert; es hat weder eigene Fonds, noch erhält es Bankkredite; es verwendet in

* Instituto Nacional de Reforma Agraria – Nationales Institut für Agrarreform (Anm. d. Hrsg.)
** Schiedskommission (Anm. d. Hrsg.)

individueller Form den materiellen Anreiz, d. h. die individuellen Geldprämien und -strafen, und wird sie zu gegebener Zeit als kollektive verwenden; doch ist der unmittelbare materielle Anreiz durch die Art der Zahlung des Lohntarifs begrenzt.

Subtile Widersprüche
Materieller Anreiz gegen Bewußtsein

Hier begeben wir uns auf das Gebiet der subtilen Widersprüche, die sehr genau geklärt werden müssen. Das Thema „materieller Anreiz versus moralischer Anreiz" hat viele Diskussionen zwischen den daran Interessierten ausgelöst. Eines muß klargestellt werden: Wir bestreiten nicht die objektive Notwendigkeit des materiellen Anreizes, doch lehnen wir seine Anwendung als grundlegenden Antriebshebel ab. Wir sind der Auffassung, daß in der Ökonomie dieser Anreiz sich schnell verselbständigen kann und dann den Beziehungen zwischen den Menschen seine eigene Macht aufdrängt. Man darf nicht vergessen, daß er aus dem Kapitalismus stammt und dazu bestimmt ist, im Sozialismus abzusterben.

Wie bringen wir ihn zum Absterben?

„Nach und nach, durch die allmähliche Vermehrung der Konsumgüter für das Volk, die diesen Anreiz unnötig macht", wird uns geantwortet. In dieser Vorstellung sehen wir eine allzu starre Mechanik. Konsumgüter – das ist die Parole und, letzten Endes, die große gestaltende Kraft des Bewußtseins für die Verteidiger des anderen Systems. Direkter materieller Anreiz und Bewußtsein sind, nach unserer Auffassung, einander widersprechende Begriffe.

Dies ist einer der Punkte, wo unsere Diskrepanzen konkrete Gestalt annehmen. Es geht nicht mehr um Nuancen; für die Anhänger der finanziellen Autonomie stellt sich der direkte materielle Anreiz, in die Zukunft projiziert und die Gesellschaft während der verschiedenen Etappen des Aufbaus des Kommunismus begleitend, einer „Entwicklung" des Bewußtseins nicht entgegen; für uns durchaus. Deshalb kämpfen wir gegen seine Vorherrschaft, denn sie bedeutet die Verzögerung der Entwicklung der sozialistischen Moral.

Ja, der materielle Anreiz steht der Entwicklung des Bewußtseins entgegen, aber er ist ein großer Hebel, um Erfolge in der Produktion zu erringen: Muß das so verstanden werden, daß besonderer Nachdruck auf die Entwicklung des Bewußtseins die Produktion aufhält? In vergleichenden Begriffen für eine gegebene Periode, vielleicht, obwohl niemand die Berechnungen ausgeführt hat; wir behaupten, daß in relativ kurzer Zeit die Entwicklung des Bewußtseins mehr zur Entwicklung der Produktion beiträgt als der materielle Anreiz. Wir stützen uns dabei auf die allgemeine Perspektive der Entwicklung der Gesellschaft im Übergang zum Kommunismus, was voraussetzt, daß die Arbeit aufhört, eine leidvolle Notwendigkeit zu sein, und sich in eine angenehme Aufgabe verwandelt. Belastet von Subjektivismus, bedarf diese Behauptung der Bestätigung durch die Erfahrung, und daran arbeiten wir. Wenn sich zeigt, daß sie eine gefährliche Bremse für die Entwicklung der Produktivkräfte ist, wird der Entschluß gefaßt werden müssen, abzubrechen und auf bewährte Wege zurückzukehren; bis jetzt ist das jedoch nicht eingetreten, und die Methode, mit ihrer fortwährenden Vervollkommnung durch die Praxis, nimmt jeden Tag mehr Gestalt an und erweist ihre innere Kohärenz.

Was ist also die richtige Behandlung des materiellen Interesses? Wir meinen, daß seine Existenz nie vergessen werden darf, sei es als kollektiver Ausdruck des Strebens der Massen oder als individuelles Phänomen, als Widerspiegelung der Gewohnheiten der alten Gesellschaft im Bewußtsein der Arbeiter. Für die Behandlung des materiellen Anreizes in kollektiver Form haben wir bisher keine genau bestimmte Vorstellung auf Grund der Unzulänglichkeiten im Planungsapparat, die uns daran hindern, uns mit absolutem Vertrauen auf ihn zu stützen, und weil es bisher unmöglich war, eine Methode auszuarbeiten, die die Überwindung der Schwierigkeiten erlaubt. Die größte Gefahr sehen wir im Antagonismus, der sich zwischen der staatlichen Verwaltung und den Produktionsorganen bildet, ein Antagonismus, der von dem sowjetischen Ökonom Liberman analysiert wurde, der zu dem Schluß kommt, daß die kollektiven Anreizmethoden verändert werden müssen, indem man die alten Formeln von Prämien, die auf der Planerfüllung beruhen, aufgibt und zu fortgeschritteneren Formeln übergeht.

Auch wenn wir mit ihm in der Betonung des materiellen Interesses (als Hebel) nicht einverstanden sind, erscheint uns seine Besorgnis wegen der Verirrungen berechtigt, die der Begriff *„Planerfüllung"* im Laufe der Jahre erlitten hat. Die Beziehungen zwischen den Unternehmen und den zentralen Organisationen nehmen recht widersprüchliche Formen an, und die Methoden, die von jenen angewendet werden, um Gewinne zu erzielen, nehmen zuweilen Formen an, die sich recht weit von der Vorstellung der sozialistischen Moral entfernen.

Wir glauben, daß die Entwicklungsmöglichkeiten, die die neuen Produktionsverhältnisse bieten, um den Übergang des Menschen in das *Reich der Freiheit* zu fördern, in gewisser Weise vergeudet werden. Wir haben in unserer Definition der grundlegenden Argumente des Systems die Wechselbeziehung betont, die zwischen der Erziehung und der Entwicklung der Produktion besteht. Die Aufgabe des Aufbaus des neuen Bewußtseins kann in Angriff genommen werden, da wir vor neuen Formen der Produktionsverhältnisse stehen. Auch wenn im allgemeinen historischen Sinn das Bewußtsein Produkt der Produktionsverhältnisse ist, müssen die charakteristischen Merkmale der gegenwärtigen Epoche beachtet werden, deren Hauptwiderspruch (auf Weltebene) der zwischen Imperialismus und Sozialismus ist. Die sozialistischen Ideen berühren das Bewußtsein der Menschen der gesamten Welt; daher kann seine Entwicklung dem spezifischen Stand der Produktivkräfte eines bestimmten Landes vorauseilen.

In der UdSSR der ersten Jahre prägte der sozialistische Staat das System, trotz der vielen rückständigen Verhältnisse, die in ihrem Inneren existieren. Im Kapitalismus gibt es Überbleibsel des Feudalismus, aber trotzdem ist es der Kapitalismus, der das Land prägt, nachdem er sich in den grundlegenden Aspekten der Wirtschaft durchgesetzt hat. In Kuba erlaubte die Entwicklung der Widersprüche der zwei Weltsysteme, den sozialistischen Charakter der Revolution durchzusetzen, und dieser Charakter wurde ihr durch einen bewußten Akt gegeben, dank der von ihren Führern erworbenen Kenntnisse, der Vertiefung des Bewußtseins der Massen und der Kräfteverhältnisse der Welt.

Wenn dies alles möglich ist, warum sollte man nicht an die Rolle der Erziehung denken als nachdrückliche Unterstützung für den sozialistischen Staat bei seiner Aufgabe, die alten Deformationen einer Gesellschaft zu liquidieren, die gestorben ist und die ihre alten Produktionsverhältnisse mit ins Grab nimmt? Sehen wir bei Lenin nach:

Unendlich schablonenhaft ist zum Beispiel ihr Argument, das sie im Verlauf der Entwicklung der westeuropäischen Sozialdemokratie auswendig gelernt haben und das darin besteht, daß wir für den Sozialismus noch nicht reif seien, daß uns, wie sich die verschiedenen „gelehrten" Herren unter ihnen ausdrücken, die objektiven ökonomischen Voraussetzungen für den Sozialismus fehlen. Und keinem kommt es in den Sinn, sich zu fragen: Könnte nicht ein Volk, das auf eine revolutionäre Situation gestoßen ist, eine Situation, wie sie sich im ersten imperialistischen Krieg ergeben hat, könnte nicht dieses Volk infolge der Aussichtslosigkeit seiner Lage sich in einen Kampf stürzen, der ihm wenigstens irgendwelche Aussichten eröffnete, sich nicht ganz gewöhnliche Bedingungen für eine Weiterentwicklung der Zivilisation zu erringen?
„Rußland hat in der Entwicklung der Produktivkräfte noch nicht die Höhe erreicht, bei welcher der Sozialismus möglich wäre." Mit diesem Leitsatz tun sich alle Helden der II. Inter-

nationale, und unter ihnen natürlich auch Suchanow, so wichtig, als wäre er der Stein der Weisen. Diesen unstrittigen Satz widerkäuen sie auf tausenderlei Weise, und es scheint ihnen, als sei er entscheidend für die Beurteilung unserer Revolution.

Wie aber, wenn die Eigentümlichkeit der Situation Rußland erstens in den imperialistischen Weltkrieg hineinstellte, in den alle einigermaßen einflußreichen westeuropäischen Völker verwickelt waren, und zweitens seine Entwicklung an der Grenze der beginnenden und teilweise bereits begonnenen Revolutionen des Ostens in Verhältnisse versetzte, unter denen wir gerade jene Verbindung eines „Bauernkrieges" mit der Arbeiterbewegung verwirklichen konnten, von der, als eine der möglichen Perspektiven, ein solcher „Marxist" wie Marx im Jahre 1856 in bezug auf Preußen geschrieben hatte?

Wie aber, wenn die völlige Ausweglosigkeit der Lage, wodurch die Kräfte der Arbeiter und Bauern verzehnfacht wurden, uns die Möglichkeit eines anderen Übergangs eröffnete, um die grundlegenden Voraussetzungen der Zivilisation zu schaffen, als in allen übrigen westeuropäischen Staaten? Hat sich denn dadurch die allgemeine Linie der Entwicklung der Weltgeschichte geändert? Hat sich denn dadurch das grundlegende Wechselverhältnis der Hauptklassen in jedem Staat geändert, der in den allgemeinen Gang der Weltgeschichte einbezogen wird und schon einbezogen worden ist?

Wenn zur Schaffung des Sozialismus ein bestimmtes Kulturniveau notwendig ist (obwohl niemand sagen kann, wie dieses bestimmte „Kulturniveau" aussieht, denn es ist in jedem westeuropäischen Staat verschieden), warum sollten wir also nicht damit anfangen, auf revolutionärem Wege die Voraussetzungen für dieses bestimmte Niveau zu erringen und dann *schon, auf der Grundlage der Arbeiter- und Bauernmacht und der Sowjetordnung, vorwärtsschreiten und die anderen Völker einholen.**

* W. I. Lenin, Werke Bd. 33, Berlin (DDR) 1966, S. 463

Was die Existenz des materiellen Interesses in seiner individuellen Form angeht, so erkennen wir diese an (auch wenn wir gegen sie kämpfen und ihre Überwindung durch die Erziehung zu beschleunigen suchen) und verwenden sie bei den Arbeitszeitnormen als Prämien bzw. als Abzug vom Lohn bei der Nichterfüllung.

Der subtile Unterschied zwischen den Anhängern der Selbstverwaltung und uns bei diesem Thema liegt in den Argumenten für die Zahlung eines normierten Lohns, für die Prämie und für den Lohnabzug. Die Produktionsnorm ist das durchschnittliche Arbeitsquantum, das ein Produkt in einer bestimmten Zeit bei durchschnittlicher Qualifikation und den spezifischen Ausnutzungsbedingungen der Ausrüstung erzeugt; sie ist die Abgabe einer Arbeitsquote an die Gesellschaft durch eines ihrer Mitglieder, sie ist die Erfüllung einer gesellschaftlichen Pflicht. Werden die Normen übererfüllt, so hat die Gesellschaft einen höheren Nutzen, und man kann annehmen, daß der Arbeiter, der dies tut, seine Pflichten besser erfüllt, weshalb er auch dann eine materielle Belohnung verdient. Wir akzeptieren diese Vorstellung als notwendiges Übel einer Übergangsperiode, aber wir akzeptieren nicht, daß die richtige Interpretation des Satzes „Jedem nach seinen Fähigkeiten, jedem nach seiner Leistung", als die volle Bezahlung der prozentualen Übererfüllung einer gegebenen Norm in Mehrlohn auszulegen ist. Es gibt Fälle, wo die Bezahlung den Prozentsatz der Normerfüllung übersteigt, als ein außerordentlicher Anreiz der individuellen Produktivität.

Marx erklärt in der „Kritik des Gothaer Programms" sehr deutlich, daß ein erheblicher Teil des Arbeitslohns in Bereiche geht, die mit ihm keineswegs in unmittelbarer Beziehung stehen:

Nehmen wir zunächst das Wort „Arbeitsertrag" im Sinne des Produkts der Arbeit, so ist der genossenschaftliche Arbeitsertrag das gesellschaftliche Gesamtprodukt.
Davon ist nun abzuziehen:

Erstens: *Deckung zum Ersatz der verbrauchten Produktionsmittel.*
Zweitens: *zusätzlicher Teil für Ausdehnung der Produktion.*
Drittens: *Reserve- oder Assekuranzfonds gegen Mißfälle, Störungen durch Naturereignisse etc.*
Diese Abzüge vom „unverkürzten Arbeitsertrag" sind eine ökonomische Notwendigkeit, und ihre Größe ist zu bestimmen nach vorhandenen Mitteln und Kräften, zum Teil durch Wahrscheinlichkeitsrechnung, aber sie sind in keiner Weise aus der Gerechtigkeit kalkulierbar.
Bleibt der andere Teil des Gesamtprodukts, bestimmt, als Konsumtionsmittel zu dienen.
Bevor es zur individuellen Teilung kommt, geht hiervon wieder ab:
Erstens: die allgemeinen, nicht direkt zur Produktion gehörigen Verwaltungskosten.
Dieser Teil wird von vornherein aufs bedeutendste beschränkt im Vergleich zur jetzigen Gesellschaft und vermindert sich im selben Maß, als die neue Gesellschaft sich entwickelt.
Zweitens: was zur gemeinschaftlichen Befriedigung von Bedürfnissen bestimmt ist, *wie Schulen, Gesundheitsvorrichtungen etc.*
Dieser Teil wächst von vornherein im Vergleich zur jetzigen Gesellschaft und nimmt im selben Maß zu, wie die neue Gesellschaft sich entwickelt.
Drittens: Fonds für Arbeitsunfähige *etc., kurz, für was heute zur sog. offiziellen Armenpflege gehört.*
Erst jetzt kommen wir zu der „Verteilung", die das Programm, unter Lassalleschem Einfluß, bornierterweise allein ins Auge faßt, nämlich an den Teil der Konsumtionsmittel, der unter die individuellen Produzenten der Genossenschaft verteilt wird.
Der „unverkürzte Arbeitsertrag" hat sich unterderhand bereits in den „verkürzten" verwandelt, obgleich, was dem Produzenten in seiner Eigenschaft als Privatindividuum entgeht, ihm direkt oder indirekt in seiner Eigenschaft als Gesellschaftsmitglied zugute kommt.

*Wie die Phrase des „unverkürzten Arbeitsertrages“ verschwunden ist, verschwindet jetzt die Phrase des „Arbeitsertrages“ überhaupt.**

Dies alles zeigt uns, daß der Umfang der Reservefonds von einer Reihe von politisch-ökonomischen oder politisch-administrativen Entscheidungen abhängt. Da alle als Reserve vorhandenen Güter immer aus nicht vergüteter Arbeit stammen, müssen wir sehen, welche der Entscheidungen über das Volumen der von Marx untersuchten Fonds Veränderungen der Vergütungen, d. h. Änderungen des nicht direkt vergüteten Arbeitsvolumens zur Folge haben. Diesen Ausführungen muß noch hinzugefügt werden, daß keine mathematische Formel existiert bzw. bekannt ist, die die *Gerechtigkeit* einer Prämie für Normübererfüllung bestimmt (ebenso gilt dies für den Grundlohn), und daß sie sich daher grundsätzlich auf die neuen gesellschaftlichen Beziehungen stützen muß, die juristische Struktur, die die Form der Distribution eines Teiles der Arbeit des einzelnen Arbeiters durch das Kollektiv sanktioniert.

Unser Normensystem hat das Verdienst, daß es der fachlichen Qualifizierung bedarf, um von einer Kategorie in eine andere aufzusteigen, was mit der Zeit eine erhebliche Erhöhung des technischen Niveaus zur Folge haben wird.

Die Nichterfüllung der Norm bedeutet die Nichterfüllung der gesellschaftlichen Pflicht; die Gesellschaft bestraft den Betreffenden mit dem Abzug eines Teils seiner Einnahmen. Die Norm ist nicht ein bloßes Ziel, das ein mögliches Maß oder die Übereinkunft über ein Maß der Arbeit bezeichnet; sie ist der Ausdruck einer moralischen Pflicht des Arbeiters, sie ist seine *gesellschaftliche Pflicht*. Hier muß die Tätigkeit der administrativen Kontrolle mit der ideologischen Kontrolle zusammenfallen. Die wichtige Rolle der Partei in der Produktionseinheit ist es, ihr innerer Motor zu sein und alle Formen vorbildlichen Verhaltens ihrer Mit-

* K. Marx, Kritik des Gothaer Programms, a. a. O., S. 18 f.

glieder anzuwenden, damit die produktive Arbeit, die Qualifizierung, die Teilnahme an den wirtschaftlichen Problemen der Produktionseinheit Bestandteile des Lebens der Arbeiter werden und sie in eine fest verwurzelte Gewohnheit verwandeln.

Über das Wertgesetz

Ein wesentlicher Unterschied (jedenfalls im strengen Sinn der angewandten Begriffe) besteht zwischen dem Konzept des Wertgesetzes und der Möglichkeit seiner bewußten Anwendung, wie sie von den Verteidigern der wirtschaftlichen Rechnungsführung und von uns vertreten wird.

Das Handbuch der Politischen Ökonomie sagt:

Im Gegensatz zum Kapitalismus, in dem das Wertgesetz als eine elementare Kraft wirkt, die die Menschen beherrscht, wird in der sozialistischen Wirtschaft das Wirken des Wertgesetzes erkannt, berücksichtigt und vom Staat in der Praxis der planmäßigen Wirtschaftsführung eingesetzt.
*Die Leiter der Wirtschaft müssen das Wirken des Wertgesetzes erkennen und fähig sein, es intelligent zu nutzen, um die Produktion rationell zu leiten, die Arbeitsmethoden systematisch zu verbessern sowie verborgene Reserven zur Steigerung und Verbesserung der Produktion ausfindig zu machen und auszuschöpfen.**

Die von uns hervorgebrachten Worte zeigen die Stoßrichtung dieser Aussage auf.
Das Wertgesetz soll als eine blinde, aber bekannte und insoweit vom Menschen bezwingbare bzw. anwendbare Kraft wirken. Doch hat dieses Gesetz einige charakteristische Merkmale. Erstens: es ist durch die Existenz einer Warengesellschaft bedingt. Zweitens: seine Ergebnisse sind nicht

* Manual de Economia Politica, ohne nähere Angaben

a priori der Messung zugänglich, sie müssen sich auf dem Markt, wo Produzenten und Konsumenten austauschen, widerspiegeln. Drittens: es ist ein zusammenhängendes Ganzes, schließt also die Weltmärkte ein; Veränderungen und Verzerrungen in einigen Produktionszweigen spiegeln sich im Gesamtresultat wider. Viertens: wegen seines Charakters als ökonomisches Gesetz wirkt es grundsätzlich als Tendenz, und in den Übergangsperioden muß diese Tendenz logischerweise die sein, zu verschwinden. Einige Ansätze weiter sagt das Handbuch:

Der sozialistische Staat nutzt das Wertgesetz aus, wenn er über das Finanz- und Kreditsystem die Produktion und die Verteilung des gesellschaftlichen Produkts kontrolliert. In der Beherrschung des Wertgesetzes und seiner planmäßigen Ausnutzung besteht ein gewaltiger Vorzug des Sozialismus gegenüber dem Kapitalismus. Dank der Beherrschung des Wertgesetzes ist sein Wirken in der sozialistischen Wirtschaft nicht von der mit der Anarchie der Produktion verbundenen Verschwendung gesellschaftlicher Arbeit begleitet, wie das im Kapitalismus der Fall ist.
Das Wertgesetz und die mit ihm verbundenen ökonomischen Kategorien – Geld, Preis, Handel, Kredit und Finanzen – werden bei der planmäßigen Leitung der Volkswirtschaft in der UdSSR und in den volksdemokratischen Ländern im Interesse des Aufbaus des Sozialismus und des Kommunismus erfolgreich ausgenutzt.

Dies kann nur für die Gesamtgröße der Werte, die für den unmittelbaren Verbrauch der Bevölkerung hergestellt wurden, und für die entsprechenden Fonds, die zu ihrer Anschaffung verfügbar sind, als richtig betrachtet werden, was jeder kapitalistische Finanzminister mit einigermaßen ausgeglichenen Finanzen machen könnte. In diesem Rahmen haben alle partiellen Verzerrungen des Gesetzes Platz.

Weiter unten wird bemerkt:

Warenproduktion, Wertgesetz und Geld werden erst in der höheren Phase des Kommunismus absterben. Um jedoch die Voraussetzungen für das Absterben der Warenproduktion und Warenzirkulation in der höheren Phase des Kommunismus zu schaffen, ist es notwendig, in der Periode des Aufbaus der kommunistischen Gesellschaft das Wertgesetz und die Ware-Geld-Beziehungen zu entwickeln *und auszunutzen.*

Weshalb *entwickeln*? Wir verstehen, daß sich während einer bestimmten Zeit die Kategorien des Kapitalismus erhalten, und daß die Zeitspanne sich nicht im voraus bestimmen läßt, aber die charakteristischen Merkmale der Übergangsperiode sind die einer Gesellschaft, die ihre alten Fesseln abstreift, um schnell in die neue Etappe einzutreten. Die Tendenz muß nach unserer Auffassung die sein, so entschlossen wie möglich die alten Kategorien zu vernichten; darin sind eingeschlossen der Markt, das Geld und daher der Hebel des materiellen Interesses, oder besser, die Bedingungen, die ihre Existenz verursachen. Das Gegenteil würde zu der Annahme führen, daß die Aufgabe des Aufbaus des Sozialismus in einer rückständigen Gesellschaft so etwas wie ein historischer Zufall ist und daß ihre Führer, um den *Fehler* wiedergutzumachen, sich der Konsolidierung aller Kategorien, die der Übergangsgesellschaft eigen sind, widmen müssen; wobei dann nur die Verteilung des Einkommens im Verhältnis zur Arbeit und die Tendenz zur Aufhebung der Ausbeutung des Menschen durch den Menschen als Grundlage der neuen Gesellschaft übrigbleiben, was für sich allein als Entwicklungsfaktor der gigantischen Bewußtseinsveränderung, wie sie zur Inangriffnahme des Übergangs notwendig ist, nicht ausreichend erscheint; einer Veränderung, die vor sich gehen muß durch die vielfältige Einwirkung all der neuen Beziehungen, der Erziehung und der sozialistischen Moral, auf die individualistische Grundhaltung, die der direkte materielle Anreiz im Bewußtsein bewirkt, wobei er die Entwicklung des Menschen als gesellschaftliches Wesen bremst.

Um unsere Differenzen zusammenzufassen: Wir betrachten das Wertgesetz als teilweise existent, wegen der noch bestehenden Überbleibsel der Warengesellschaft, was sich auch in der Art des Tausches widerspiegelt, der zwischen dem Staat als Lieferanten und dem Verbraucher stattfindet; wir glauben, daß insbesondere in einer Gesellschaft mit hoch entwickeltem Außenhandel wie der unseren das Wertgesetz auf internationaler Ebene als eine Tatsache, die die Handelstransaktionen bestimmt, anerkannt werden muß, auch innerhalb des sozialistischen Lagers, und wir erkennen die Notwendigkeit an, daß dieser Handel bereits höhere Formen in den Ländern der neuen Gesellschaft annimmt, wobei zu verhindern ist, daß sich die Unterschiede zwischen den entwickelten und den rückständigen Ländern durch die Wirkung des Austausches vertiefen. Das heißt, es ist notwendig, Formeln für den Handel zu finden, die die Finanzierung der industriellen Investitionen in den Entwicklungsländern ermöglichen, auch wenn dies den auf dem kapitalistischen Weltmarkt bestehenden Preissystemen widerspricht, was eine gleichmäßigere Fortentwicklung des gesamten sozialistischen Lagers ermöglichen wird mit dem natürlichen Ergebnis, Ungleichmäßigkeiten zu glätten und den Geist des proletarischen Internationalismus zu fördern (das jüngste Abkommen zwischen Kuba und der UdSSR ist ein Beispiel für die Schritte, die in dieser Richtung unternommen werden können). Wir bestreiten die Möglichkeit der bewußten Anwendung des Wertgesetzes, gestützt auf die Nichtexistenz eines freien Marktes, der automatisch den Widerspruch zwischen Produzenten und Konsumenten ausdrückt; wir bestreiten die Existenz der Kategorie der *Ware* in der Beziehung zwischen staatlichen Unternehmen, und wir betrachten alle Betriebe als Teil des einzigen großen Unternehmens, welches der Staat ist (obwohl dies in der Praxis in unserem Lande noch nicht der Fall ist). Das Wertgesetz und der Plan sind zwei Begriffe, die durch einen Widerspruch und seine Lösung verbunden sind; wir können also sagen, daß die zentralisierte Planung das Wesen der sozialistischen Gesellschaft, die sie definierende Kategorie und der Punkt ist, an dem das Bewußtsein des Menschen es endlich erreicht, die Wirtschaft in die Hand zu nehmen und auf ihr Ziel, die völlige Befreiung des Menschen im Rahmen der kommunistischen Gesellschaft, zu lenken.

Über die Bildung der Preise

In der Theorie der Preisbildung bestehen ebenfalls tiefe Differenzen. Bei der Autonomie bilden sich die Preise „unter Berücksichtigung des Wertgesetzes", aber es wird nicht erklärt (soweit unsere Kenntnis reicht), welcher Ausdruck des Wertgesetzes angewandt wird. Es wird von der für die Herstellung eines bestimmten Artikels gesellschaftlich notwendigen Arbeit ausgegangen, aber es wurde die Tatsache vernachlässigt, daß die gesellschaftlich notwendige Arbeit ein ökonomisch-historischer Begriff ist und sich daher nicht nur auf lokaler (oder nationaler), sondern auch auf Weltebene ändert. Die ständigen Fortschritte der Technologie, die in der kapitalistischen Welt Ausdruck der Konkurrenz sind, vermindern den Aufwand an notwendiger Arbeit und daher den Wert des Produkts. Eine abgeschlossene Gesellschaft kann die Veränderungen während einer bestimmten Zeit ignorieren, aber man müßte immer wieder auf diese internationalen Verhältnisse zurückgehen, um ihren Wert zu überprüfen. Wenn eine bestimmte Gesellschaft sie während eines langen Zeitabschnitts ignoriert, ohne neue und exakte Formeln als Ersatz zu entwickeln, wird sie innere Zusammenhänge herstellen, die ihr eigenes Wertschema darstellen, das zwar in sich selbst kongruent ist, aber zu den Tendenzen der höchstentwickelten Technik in Widerspruch steht, z. B. bei Stahl und Kunststoffen. Das kann relative Rückstände von einiger Bedeutung und auf jeden Fall Verzerrungen des Wertgesetzes im Weltmaßstab verursachen, die die Wirtschaften unvergleichbar machen.

Die *Umsatzsteuer* ist eine buchhalterische Fiktion, durch

die bestimmte Rentabilitätsniveaus in den Unternehmen aufrechterhalten werden, indem das Produkt für den Verbraucher verteuert wird, und zwar in der Weise, daß sich das Angebot von Artikeln und der Fonds der effektiven Nachfrage angleichen. Wir glauben, daß sie eine Auflage des Systems, aber keine absolute Notwendigkeit ist, und wir arbeiten an Formeln, die alle diese Aspekte berücksichtigen.

Wir halten eine globale Stabilisierung des Warenfonds und der effektiven Nachfrage für notwendig. Das Ministerium für Binnenhandel wird die Aufgabe übernehmen, die Kaufkraft der Bevölkerung und die Preise der angebotenen Waren einander anzugleichen, wobei immer zu beachten ist, daß eine ganze Reihe von Artikeln, die für das Leben des Menschen grundlegend notwendig ist, zu niedrigen Preisen angeboten werden müssen, während bei anderen, weniger wichtigen unter offensichtlicher Vernachlässigung des Wertgesetzes je nach dem besonderen Fall der Preis erhöht wird.

Hier taucht ein großes Problem auf: Was wird die Grundlage für die Bildung der realen Preise sein, die die Wirtschaft für die Analyse der Produktionsverhältnisse übernimmt? Es könnte die Analyse der nach kubanischen Begriffen notwendigen Arbeit sein. Dies würde sofortige Verzerrungen und den Verlust der Übersicht über die Probleme auf Weltebene wegen der notwendigen automatischen Zusammenhänge mit sich bringen. Es könnte andererseits der Weltmarktpreis genommen werden; dies würde den Verlust der Übersicht über die nationalen Probleme hervorrufen, da unsere Arbeit fast in keinem Zweig eine mit dem Weltmaßstab vergleichbare Produktivität erreicht.

Wir schlagen als erste Annäherung an das Problem vor, daß die Bildung von Preisindizes erwogen wird, die sich auf folgendes stützen:

Alle importierten Rohstoffe werden einen festen, stabilen Preis haben, der sich auf einen Durchschnitt des internationalen Marktes stützt, zuzüglich einiger Punkte für die

Kosten des Transports und des Außenhandelsapparates. Alle kubanischen Rohstoffe werden gemäß ihrem realen Produktionskostenpreis in Geld ausgedrückt. Beiden werden die geplanten Arbeitsaufwendungen zuzüglich der Abnutzung der Grundmittel für die Verarbeitung zugeschlagen, und dies wäre der Preis der Produkte, die zwischen Unternehmen und an den Binnenhandel abgegeben werden; doch laufend würden die Preise duch Indices berührt, die den Preis dieser Ware auf dem Weltmarkt widerspiegeln, plus den Kosten für den Transport und den Außenhandel. Die Unternehmen, die im System der Haushaltsmäßigen Finanzierung operieren, arbeiten auf der Grundlage ihrer geplanten Kosten und haben keine Gewinne; alle Gewinne erzielt das MINCIN* (natürlich bezieht sich dies auf jenen Teil des Sozialprodukts, der sich als Ware, im wesentlichen als Konsumtionsfonds realisiert); die Indices teilen uns laufend mit (dem zentralen Apparat und dem Unternehmen), wie unsere reale Effektivität ist, und es werden falsche Entschlüsse vermieden werden. Die Bevölkerung wird unter diesen Veränderungen nicht zu leiden haben, da die Preise der Waren, die sie kauft, unabhängig und unter dem Gesichtspunkt der Nachfrage und der Lebensnotwendigkeit jedes Produktes festgelegt worden sind.

Um z. B. die Höhe des Betrages einer Investition zu berechnen, wird die Berechnung der Rohstoffe und der direkt eingeführten Ausrüstungen, des Aufwandes für Bau- und Montageausrüstungen, der Kosten der geplanten Löhne, unter Berücksichtigung der realen Möglichkeiten und eines gewissen Betrages für Verwaltung durchgeführt. Dadurch hätten wir bei Beendigung der Investition drei Ziffern zur Verfügung: eine, die die realen Kosten des Werkes in Geld ausdrückt; eine zweite, was das Werk gemäß unserer Planung kosten sollte; die dritte, was es in Begriffen der Weltproduktivität hätte kosten sollen. Die Differenz zwischen der ersten und der zweiten ist ein Maß für die Ineffizienz

* Ministerium für den Binnenhandel (Anm. d. Hrsg.)

des Bauapparates; die Differenz zwischen der zweiten und dritten ist der Index unseres Rückstandes in dem Sektor, um den es geht.

Dies erlaubt uns, grundlegende Entscheidungen über die alternative Verwendung von Materialien zu treffen, wie von Zement, Stahl, Kunststoffen; von Dächern aus Faserzement, Aluminium oder Zink; Rohren aus Eisen, Blei oder Kupfer; der Verwendung von Holzfenstern, Fenstern aus Eisen oder Aluminium usw.

Alle Entscheidungen können sich vom mathematischen Optimum entfernen, mit Rücksicht auf politische oder Gründe des Außenhandels usw., aber wir hätten immer den Spiegel der realen Vorgänge in der Welt unserer Arbeit gegenüber. Die Preise existieren nie losgelöst von ihrer Spiegelung auf dem Weltmarkt, die sich in bestimmten Jahren, in Übereinstimmung mit den Fortschritten der Technologie, ändern kann, wobei der sozialistische Markt und die internationale Arbeitsteilung immer mehr Vorrang haben werden, nachdem ein sozialistisches Weltpreissystem erreicht worden ist, das logischer als das bestehende ist.

Wir können noch weiter bei diesem außerordentlich interessanten Thema bleiben, doch ziehen wir es vor, hier einige der Grundideen als Skizzen stehen zu lassen und zu erklären, daß dies alles noch einer späteren Ausarbeitung bedarf.

Die kollektiven Prämien

Bezüglich der kollektiven Prämien für die Tätigkeit des Unternehmens wollen wir uns in erster Linie auf die Versuche beziehen, die von Fikrjat Tabejew unter dem Titel „Investigación económica y dirección de la economía" (Revista International, Nr. 11/1963)* vorgetragen werden, wo es heißt:

* Zitiert wird hier die deutsche Fassung, veröffentlicht in „Probleme des Friedens und des Sozialismus", 11/1963, S. 908.

Welche Kennziffer soll nun zur entscheidenden, zur Hauptkennziffer bei der Einschätzung der Arbeit eines Betriebes werden? Das ökonomische Suchen hat zu mehreren Vorschlägen geführt. Die einen Ökonomen schlagen als Hauptkennziffer die „Akkumulationsrate“, andere die Kennziffer des Arbeitsaufwandes, in Arbeitszeiteinheiten berechnet, usw. vor. Eine breite Diskussion entfaltete sich in den Spalten der sowjetischen Presse um den Artikel des Professor Liberman, der die Rentabilität, die Akkumulationsrate und den Gewinn als die entscheidenden und Hauptkennziffern für die Tätigkeit der Betriebe vorschlug. Uns scheint, daß es bei der Einschätzung der Tätigkeit eines Betriebes zweckmäßig ist, vor allem den unmittelbaren Beitrag des Betriebskollektivs zur Erzeugung der jeweiligen Produktion zu berücksichtigen. *Das steht letztlich nicht im Widerspruch zum Kampf um eine ausreichend hohe Rentabilität der Produktion, ermöglicht es aber, das Betriebskollektiv stärker auf die Vervollkommnung des eigentlichen Produktionsprozesses zu orientieren. Aus der Öffentlichkeit Tatariens kam der Vorschlag, als Hauptkennziffern die normativen Kosten der Bearbeitung eines jeden Erzeugnisses zu verwenden. Um die Möglichkeiten der Anwendung dieses Vorschlags zu überprüfen, wurde ein ökonomisches Experiment durchgeführt.*

Im Jahre 1962 wurden die Normative für die Kosten der Bearbeitung für die Produktion aller Industriezweige Tatariens ausgearbeitet und bestätigt. Dieses Jahr war gleichsam eine Übergangsperiode: Die neue Kennziffer wurde in der Planung neben der Kennziffer der Bruttoproduktion verwendet. Die Kennziffer der normativen Kosten der Bearbeitung widerspiegelt die technisch begründeten Aufwendungen, die in sich den Lohn der in der Produktion beschäftigen Arbeiter mit den Zuschlägen sowie die Ausgaben der Abteilung und des ganzen Betriebes für die Produktion jeder Erzeugnisart einschließen.

Man muß betonten, daß die Einführung der Kennziffer der normativen Kosten der Bearbeitung in die Praxis nichts gemein hat mit den in den kapitalistischen Ländern üblichen

„Antreibersystemen" der Arbeitszeitmessung. Wir halten konsequent Kurs auf die rationelle Organisation der Arbeitsprozesse, nicht aber auf eine übermäßige Intensivierung der Arbeit. Die ganze Normenarbeit wird unter unmittelbarer Mitwirkung der Betriebskollektive und der gesellschaftlichen Organisationen, insbesondere der Gewerkschaften, durchgeführt.
Anders als bei den Kennziffern der Bruttoproduktion sind bei den normativen Kosten der Bearbeitung ein überwiegender Teil des materiellen Aufwandes – die vergangene vergegenständlichte Arbeit anderer Betriebe – und der Gewinn ausgeschlossen, d. h. jene Komponenten des Wertes der Brutto- und der Warenproduktion, die den tatsächlichen Umfang der Produktionstätigkeit des Betriebes verzerren. Die Kennziffer der normativen Kosten der Bearbeitung, die den Arbeitsaufwand für das Erzeugnis exakter widerspiegelt, ermöglicht es, die Aufgaben für die Steigerung der Arbeitsproduktivität, für die Senkung der Produktionskosten und für die Rentabilität der jeweiligen Produktion realer festzusetzen. Sie ist auch für die innerbetriebliche Planung und für die Organisierung der wirtschaftlichen Rechnungsführung innerhalb des Betriebes am besten geeignet. Außerdem wird es möglich, die Arbeitsproduktivität artverwandter Betriebe zu vergleichen, was früher fast unmöglich war.

Uns scheint diese sowjetische Untersuchung durchaus des Studiums wert zu sein und in einigen Aspekten mit unserer These übereinzustimmen.

Zusammenfassung des Konzeptes des Haushaltsmäßigen Finanzierungssystems

Die Zusammenfassung unserer Vorstellungen über das Haushaltsmäßige Finanzierungssystem ist mit der Erklärung zu beginnen, daß es ein umfassender Begriff ist, d. h. seine objektive Wirkung wird dann zur Geltung kommen, wenn es in allen Bereichen der Wirtschaft eingeführt wird, als ein einziges Ganzes, das, von den politischen Entscheidungen ausgehend, über JUCEPLAN* durch die Kanäle des Ministeriums zu den Unternehmen und Betriebseinheiten gelangen und sich dort mit der Bevölkerung verschmelzen würde, um dann wieder bis zum Organ der politischen Entscheidung zurückzuwirken, wie ein gut balancierter Kreislauf, in dem bestimmte Rhythmen sich mehr oder weniger automatisch ändern könnten, da die Kontrolle über die Produktion es erlauben würde. Die Ministerien hätten die spezifische Verantwortung, die Pläne zu verwirklichen und zu überwachen, etwas, was die Unternehmen und Einheiten ebenfalls tun würden im Rahmen flexibler Entscheidungsgrenzen, und zwar gemäß der erreichten organisatorischen Konsolidierung, der Art der Produktion und dem jeweiligen Zeitpunkt. JUCEPLAN würde die globalen und zentralen Kontrollen der Wirtschaft übernehmen und in seiner Tätigkeit vom Ministerium für Finanzen bei der gesamten Finanzkontrolle, vom Arbeitsministerium bei der Planung der Arbeitskraft unterstützt werden.

Da dies alles nicht so geschieht, werden wir unsere gegenwärtige Realität beschreiben, mit allen ihren Beschränkungen, ihren kleinen Siegen, ihren Mängeln und Niederlagen, die teils gerechtfertigt sind, teils gerechtfertigt werden können, Ergebnis unserer Unerfahrenheit oder grober Fehler.

JUCEPLAN gibt nur die allgemeinen Umrisse des Plans und die Kontrollziffern jener sogenannten grundlegenden Produkte vor, über die er eine mehr oder weniger strikte Kontrolle ausübt. Die zentralen Organisationen, zu denen wir das Industrieministerium rechnen, üben die Kontrolle über die sogenannten zentralisierten Produkte aus; die übrigen Produkte werden auf dem Vertragsweg zwischen den Unternehmen festgelegt. Nachdem der Plan festgelegt und intern abgestimmt ist, werden dic Verträge – manchmal

* Junta Central de Planificación – Zentraler Planungsrat (Anm. d. Hrsg.)

geschieht dies schon vorher – unterzeichnet, und die Arbeit beginnt.

Der zentrale Apparat des Ministeriums sorgt dafür, daß das Produktionssoll auf Unternehmensebene erfüllt wird, und das Unternehmen sorgt für seine Einhaltung auf der Ebene der Betriebseinheit. Das wichtigste ist, daß die Buchführung an diesen beiden Punkten, dem Unternehmen und dem Ministerium, konsolidiert wird. Die Kontrolle der Grund- und Inventarmittel muß auf zentraler Ebene aufrechterhalten werden und zwar so, daß jene Ressourcen, die wegen irgendwelcher Umstände in bestimmten Betrieben brachliegen, innerhalb der Gesamtheit der Betriebe leicht von einer Stelle zur anderen bewegt werden können. Das Ministerium hat das Recht, die Grundmittel zwischen verschiedenen Unternehmen zu bewegen. Die Fonds haben keinen Warencharakter, in den Büchern findet nur die entsprechende Eintragung statt, indem sie an der einen Stelle als Ausgang und an der anderen Stelle als Eingang gebucht werden. Von der Produktion wird ein Teil durch das MINCIN* direkt an die Bevölkerung abgegeben und der andere an die Produktionsbetriebe anderer Art, für die unserer Produkte Zwischenprodukte sind.

Es ist unsere Grundauffassung, daß bei diesem Prozeß das Produkt durch die Arbeit, die an ihm wirkt, fortgesetzt Wert annimmt, daß aber überhaupt keine Notwendigkeit für Warenbeziehungen zwischen den Unternehmen besteht. Die Lieferverträge und die entsprechenden Aufträge oder das Dokument, das zu gegebener Zeit ausgestellt werden muß, bedeuten ganz einfach die Bestätigung, daß die Pflicht, ein bestimmtes Produkt herzustellen und zu liefern, erfüllt worden ist. Die Tatsache der Annahme eines Artikels seitens eines Unternehmens würde (allerdings mit im jetzigen Zeitpunkt etwas idealisierten Begriffen, das muß anerkannt werden) die Annahme der Qualität des Produkts

* Ministerio de Comercio Interior – Ministerium für den Binnenhandel (Anm. d. Hrsg.)

bedeuten. Dieses verwandelt sich in eine Ware, wenn es im juristischen Sinn den Eigentümer wechselt, wenn es in den individuellen Konsum eintritt. Die Produktionsmittel für andere Unternehmen bilden keine Ware, aber sie müssen entsprechend den Indices bewertet werden, die wir zuvor vorgeschlagen haben, indem man einen Vergleich mit der notwendigen Arbeit in dem für den Konsum bestimmten Maß vornimmt, um dem betreffenden Grundmittel bzw. Rohstoff einen Preis zuordnen zu können.

Qualität, Quantität und Sortiment müssen den vierteljährlichen Plänen entsprechend erfüllt werden. Der einzelne Betrieb würde, seinen Arbeitsnormen entsprechend, den Arbeitern ihren Lohn direkt zahlen. Es bleibt eines der Probleme noch offen, das bisher noch nicht berührt worden ist: die Form, in der das Kollektiv einer Produktionseinheit für eine außerordentlich oder überdurchschnittlich glänzende Leistung im Rahmen der Gesamtwirtschaft zu belohnen ist, und die Form, in der jene anderen Fabriken, die nicht in der Lage waren, ihre Pflicht angemessen zu erfüllen, zu bestrafen oder nicht zu bestrafen sind.

Das Haushaltsmäßige Finanzierungssystem in seinem gegenwärtigen Zustand

Was geschieht heute? Einer der häufigsten Fälle ist, daß die Fabrik nie in der angegebenen Form und zur angegebenen Zeit über die notwendigen Mittel verfügt, so daß sie ihre Produktionspläne nicht erfüllt; aber schlimmer ist, daß sie in vielen Fällen Rohstoffe für ein andersartiges technologisches Verfahren erhält, Umstellungen vornimmt, die zur Änderung des Verfahrens zwingen; dies beeinflußt die direkten Produktionskosten, den notwendigen Umfang der Arbeitskraft, in einigen Fällen die Investitionen, und bringt oft den gesamten Plan durcheinander, was zu häufigen Änderungen zwingt.

Zum gegenwärtigen Zeitpunkt sind wir auf ministerieller Ebene lediglich Empfangsstelle dieser Anomalien, ihre Registratur, doch jetzt sind wir bereits dabei, in die Phase einzutreten, in der wir auf bestimmte Kategorien des Plans Einfluß nehmen können, wenigstens soweit, um fordern zu können, daß jede beliebige Verzerrung in buchhalterischer oder mathematischer Form vorausgesehen wird und somit kontrolliert werden kann. Noch sind die automatischen Verfahren nicht vorhanden, die notwendig sind, damit sämtliche Kontrollen schnell durchgeführt und die Indices analysiert werden können. Es ist weder eine ausreichende Kapazität zur Erstellung von Analysen noch eine ausreichende Kapazität für die Vorlage richtiger Indices oder konkreter Zahlenangaben zu ihrer Interpretation vorhanden.

Die Unternehmen sind direkt mit ihren Fabriken verbunden, manchmal telefonisch oder telegraphisch oder durch einen Provinzdelegierten; in anderen Fällen durch die Delegationen des Ministeriums, die der Kontrolle dienen; und in den Rathäusern oder wirtschaftspolitischen Stellen dieser Art fungieren die sogenannten CILOS, die nichts anderes als Versammlungen von Leitern der einander benachbarten Betriebseinheiten sind, die dafür verantwortlich sind, ihre Probleme zu analysieren und über kleine gegenseitige Hilfeleistungen zu entscheiden, deren bürokratische Erledigung über sämtliche Kanäle sehr umständlich wäre. In einigen Fällen können sie Grundmittel ausleihen, wobei sie aber immer beachten müssen, daß das betreffende Unternehmen vor einer endgültigen Übertragung befragt werden muß.

In den ersten Tagen jedes Monats wird die Produktionsstatistik an das zuständige Ministerium geschickt, wo sie bis auf den höchsten Ebenen analysiert und die grundlegenden Maßnahmen getroffen werden, um die Mängel zu korrigieren. In den darauffolgenden Tagen trifft eine andere, detailliertere Statistik ein, die es ebenfalls erlaubt, auf verschiedenen Ebenen konkrete Maßnahmen zur Lösung von Problemen zu treffen.

Was sind die grundlegenden Schwächen des Systems? Wir meinen, daß an die erste Stelle seine mangelhafte Reife gesetzt werden muß. An die zweite Stelle die Knappheit an wirklich befähigten Kadern auf allen Ebene. An die dritte Stelle das Fehlen einer vollständigen Verbreitung des gesamten Systems und seiner Mechanismen, damit die Bevölkerung es besser zu verstehen beginnt. Wir können auch das Fehlen eines zentralen Planungsapparates nennen, der einheitlich und als absolut hierarchische Ordnung funktioniert, was die Arbeit erleichtern könnte. Dazu nennen wir die Mängel in der Materialversorgung, Transportmängel, die uns manchmal zur Anhäufung von Produkten zwingen und machmal an der Produktion hindern; Mängel in unserem gesamten Apparat der Qualitätskontrolle und in den Beziehungen (sehr eng, sehr harmonisch und sehr klar definiert sollten sie sein) zu den Organisationen der Distribution, insbesondere dem MINCIN; und mit einigen Lieferorganisationen, besonders dem MINCEX* und dem INRA. Bisher ist es noch schwierig, genau zu bestimmen, welche Mängel Ergebnis von systembedingten Schwächen sind, welche anderen hauptsächlich auf unseren gegenwärtigen Organisationsgrad zurückzuführen sind.

Gegenwärtig verfügt weder die Fabrik noch das Unternehmen über einen materiellen Anreiz kollektiver Art. Dies entspricht nicht einer zentralen Idee des gesamten Schemas, sondern der Tatsache, daß die ausreichende organisatorische Tiefe zum gegenwärtigen Zeitpunkt noch nicht erreicht worden ist, um den Anreiz auf andere Grundlagen als die bloße Erfüllung bzw. Übererfüllung der Hauptpläne des Unternehmens zu stützen; die Gründe dafür haben wir bereits angedeutet.

Dem System wird eine Tendenz zum Bürokratismus nachgesagt, und einer der Punkte, auf denen man ständig bestehen muß, ist die Rationalisierung des gesamten Verwal-

* Ministerio de Comercio Exterior – Ministerium für den Außenhandel (Anm. d. Hrsg.)

tungsapparates, damit dieser so klein wie möglich ist. Nun gut, vom objektiven Standpunkt der Analyse aus ist evident, daß es viel weniger Bürokratie geben wird, je mehr die Registrier- und Kontrolloperationen des Unternehmens oder des Betriebes zentralisiert sind, nämlich in der Art, daß bei einer Zentralisierung sämtlicher Verwaltungsaufgaben aller Unternehmen sich ihr Verwaltungsapparat auf den kleinen Kern der Leitung der Betriebseinheit und auf die Sammlung von Informationen zur Weiterleitung an die Zentrale reduzieren würde.

Dies ist zum gegenwärtigen Zeitpunkt unmöglich; trotzdem müssen wir zur Bildung von Betrieben optimaler Größe kommen, was durch das System außerordentlich erleichtert würde, indem Arbeitsnormen einer einzigen Lohnqualifikation aufgestellt werden, so daß die beschränkten Vorstellungen über das Unternehmen als Zentrum des Wirkens des Individuums zerbrechen und man sich immer mehr der Gesellschaft in ihrer Gesamtheit zuwendet.

Vorzüge des Systems, in allgemeiner Form dargestellt

Nach unserer Auffassung hat das System folgende Vorzüge:

Erstens: Durch seine Tendenz zur Zentralisierung tendiert es zu einer rationelleren Ausnutzung der nationalen Fonds.

Zweitens: Es tendiert zu einer größeren Rationalisierung des gesamten staatlichen Verwaltungsapparates.

Drittens: Dieselbe Tendenz zur Zentralisierung zwingt innerhalb angemessener Grenzen zur Schaffung von größeren Betriebseinheiten, die Arbeitskraft einsparen und die Produktivität der Arbeiter erhöhen.

Viertens: Durch die Integration in ein einziges Normensystem macht es aus dem ganzen Ministerium, in einem Fall, und aus allen Ministerien, wenn möglich, ein einziges großes staatliches Unternehmen, in dem man von einer Stelle zur anderen gelangt, in verschiedenen Zweigen und an verschiedenen Stellen emporsteigen kann, ohne daß es Lohnprobleme gibt und wo einfach eine Skala nationalen Charakters Anwendung findet.

Fünftens: Indem mit Bauorganisationen gerechnet wird, die über den Haushalt abrechnen, kann die Kontrolle der Investitionen sehr vereinfacht werden; die konkrete Überwachung wird der unter Vertrag stehende Investitionsträger und die finanzielle Aufsicht das Ministerium für Finanzen durchführen.

Es ist wichtig, darauf hinzuweisen, daß sich beim Arbeiter allmählich die allgemeine Vorstellung der Kooperation zwischen allen bildet, die Vorstellung, zu einer großen Gesamtheit zu gehören, die die Bevölkerung des Landes ist; die Entwicklung seines Bewußtseins der gesellschaftlichen Pflicht wird vorangetrieben.

Das folgende Zitat von Marx ist interessant, denn wenn man von den Worten, die die Herrschaft des Kapitalismus voraussetzen, absieht, stellt es den Prozeß der Bildung der Arbeitstraditionen dar, und kann uns deshalb als Hinweis für den Aufbau des Sozialismus dienen:

Es ist nicht genug, daß die Arbeitsbedingungen auf den einen Pol als Kapital treten und auf den anderen Pol Menschen, welche nichts zu verkaufen haben als ihre Arbeitskraft. Es genügt auch nicht, sie zu zwingen, sich freiwillig zu verkaufen. Im Fortgang der kapitalistischen Produktion entwickelt sich eine Arbeiterklasse, die aus Erziehung, Tradition, Gewohnheit die Anforderungen jener Produktionsweise als selbstverständliche Naturgesetze anerkennt. Die Organisation des ausgebildeten kapitalistischen Produktionsprozesses bricht jeden Widerstand, die beständige Erneuerung einer relativen Überbevölkerung hält das Gesetz der Zufuhr von und Nachfrage nach Arbeit, und daher der Arbeitslohn, in einem den Verwertungsbedürfnissen des Kapitals entsprechenden Gleise, der stumme Zwang der ökonomischen Verhältnisse besiegelt die Herrschaft des Kapitalisten über den Arbeiter. Außerökonomische, unmittelbare Gewalt wird zwar immer *noch angewandt, aber nur ausnahmsweise. Für den gewöhnlichen Gang der Dinge kann der Arbeiter den „Naturgesetzen der Produktion" überlassen bleiben, d. h. seiner aus den Produktionsbedingungen selbst entspringenden, durch sie garantierten und verewigten Abhängigkeit vom Kapital.**

Die Produktivkräfte entwickeln sich, die Produktionsverhältnisse verändern sich; alles erwartet die direkte Einwirkung des Arbeiterstaates auf das Bewußtsein.

Im Hinblick auf das materielle Interesse wollen wir mit diesem System erreichen, daß der Hebel sich nicht in etwas verwandelt, was das Individuum als Individuum oder das Kollektiv von Individuen dazu zwingt, verzweifelt mit anderen zu kämpfen, um bestimmte Produktions- oder Distributionsbedingungen zu sichern, die es in eine privilegierte Stellung versetzen. Erreichen, daß der gesellschaftliche Auftrag die Grundlage wird, auf die sich die ganze Arbeitsanstrengung des Arbeiters stützt; aber die Arbeit wachsam beobachten, im Bewußtsein der eigenen Schwächen, belohnen oder bestrafen, unter Anwendung materieller Anreize oder Gegenreize individueller oder kollektiver Art, wenn der Arbeiter oder die Produktionseinheit in der Lage ist oder nicht, den gesellschaftlichen Auftrag zu erfüllen. Außerdem ruft die Qualifizierung als Voraussetzung für das Aufsteigen, wenn sie auf nationaler Ebene durchgeführt werden kann, eine allgemeine Tendenz zum Studium unter allen Arbeitern des Landes hervor, eine Qualifizierung, die durch keine lokale Sondersituation gebremst wird, da der Rahmen der Arbeit das gesamte Land ist, und die infolgedessen eine sehr beachtliche Tendenz zur technischen Weiterentwicklung hervorruft.

Es ist außerdem zu berücksichtigen, daß mit Hilfe einer Politik der Zuschüsse leicht Arbeiter-Studenten, die sich qualifizieren, herausgezogen werden können, um zu ande-

* K. Marx, Kapital Bd. 1, MEW Bd. 23, Berlin (DDR) 1969, S. 765

ren Arbeitsstellen zu gelangen, wobei Zonen mit einem Überschuß an lebendiger Arbeit beseitigt werden, um Fabriken eines produktiveren Typs aufzubauen, d. h. die eher der grundlegenden Idee des Übergangs zum Kommunismus entsprechen, zu einer Gesellschaft mit hoher Produktion und der Befriedigung der grundlegenden Bedürfnisse des Menschen.

Hervorzuheben ist weiterhin die erzieherische Rolle, die die Partei ausüben sollte, damit sich die Arbeitsstätte in einen kollektiven Ausdruck der Anliegen und Regungen der Arbeiter verwandelt und sie der Ort wird, an dem ihr Verlangen, der Gesellschaft zu dienen, Gestalt annehmen kann.

Es könnte daran gedacht werden, daß die Arbeitsstätte die Grundlage des politischen Kerns der zukünftigen Gesellschaft wird, deren Anregungen, auf komplexere politische Organisationen übertragen, der Partei und der Regierung die Möglichkeit geben würden, die grundlegenden Entscheidungen für die Wirtschaft und für das kulturelle Leben des Individuums zu treffen.

Das Bankwesen, der Kredit und der Sozialismus

März 1964

In der vorigen Nummer dieser Zeitschrift erschien ein Artikel des Genossen Marcelo Fernández, Präsident der Nationalbank, in dem er die Funktionen der Bank untersucht, dabei einen kleinen historischen Abriß gibt und kritisch zu den in Kuba angewendeten Finanzierungssystemen Stellung nimmt. Dieser Artikel steht im Einklang mit einigen anderen Veröffentlichungen führender Vertreter dieser Institutionen und anderen Schriften, in denen in präziser Form die Position der Bank dargestellt wird. Da wir mit einigen Funktionen, die als typisch für die Bank in der Übergangsperiode bezeichnet werden, nicht einverstanden sind, noch weniger mit der Beurteilung des Haushaltsmäßigen Finanzierungssystems, sind wir der Meinung, daß wir die Behauptungen des Präsidenten jener Institution nicht unbeantwortet lassen dürfen und unsere Stellung hierzu fixieren müssen.

Zur Rolle der Banken in bezug auf die Emission von Banknoten führte Marcelo Fernández aus:

Die rasche Entwicklung der Handelsbeziehungen und die Knappheit an Edelmetallen für die Prägung von Münzen führten zur Ausgabe von Banknoten. Die Banknote ist ein nicht verzinsliches Wertpapier, das von einer dazu autorisierten Bank (Zentralbank) gedruckt wird, auf einen bestimmten Geldwert lautet und auf den Inhaber ausgestellt ist. Die erste Banknote wurde von einer im Jahre 1658 gegründeten schwedischen Notenbank ausgegeben.

Ohne den informativen Charakter des Artikels zu verkennen, müssen wir zu verstehen suchen, wie dieses Phänomen entstehen konnte. Marx sagt dazu folgendes:

*Es fragt sich schließlich, warum das Geld durch bloße wertlose Zeichen seiner selbst ersetzt werden kann? Es ist aber, wie man gesehn, nur so ersetzbar, soweit es in seiner Funktion als Münze oder Zirkulationsmittel isoliert oder verselbständigt wird. Nun findet die Verselbständigung dieser Funktion zwar nicht für die einzelnen Goldmünzen statt, obgleich sie in dem Fortzirkulieren verschlissener Goldstücke erscheint. Bloße Münze oder Zirkulationsmittel sind die Goldstücke grade nur, solang sie sich wirklich im Umlauf befinden. Was aber nicht für die einzelne Goldmünze, gilt für die vom Papiergeld ersetzbare Minimalmasse Gold. Sie haust beständig in der Zirkulationssphäre, funktioniert fortwährend als Zirkulationsmittel und existiert daher ausschließlich als Träger dieser Funktion. Ihre Bewegung stellt also nur das fortwährende Ineinanderumschlagen der entgegengesetzten Prozesse der Warenmetamorphose W-G-W dar, worin der Ware ihre Wertgestalt nur gegenübertritt, um sofort wieder zu verschwinden. Die selbständige Darstellung des Tauschwerts der Ware ist hier nur flüchtiges Moment. Sofort wird sie wieder durch andere Werte ersetzt. Daher genügt auch die bloß symbolische Existenz des Geldes in einem Prozeß, der es beständig aus einer Hand in die andere entfernt. Sein funktionelles Dasein absorbiert sozusagen sein materielles. Verschwindend objektivierter Reflex der Warenpreise, funktioniert es nur noch als Zeichen seiner selbst und kann daher auch durch Zeichen ersetzt werden. Nur bedarf das Zeichen des Geldes seiner eigenen objektiv gesellschaftlichen Gültigkeit, und diese erhält das Papiersymbol durch den Zwangskurs. Nur innerhalb der von den Grenzen eines Gemeinwesens umschriebenen oder inneren Zirkulationssphäre gilt dieser Staatszwang, aber auch nur hier geht das Geld völlig auf in seine Funktion als Zirkulationsmittel oder Münze, und kann daher im Papiergeld eine von seiner Metallsubstanz äußerlich getrennte und bloß funktionelle Existenzweise erhalten.**

* K. Marx, Das Kapital. Berlin (DDR) 1962, Bd. I, S. 142 f.

Für spätere Zwecke ist es wichtig festzustellen, daß das Geld die Produktionsverhältnisse widerspiegelt; es kann nicht ohne eine Waren produzierende Gesellschaft existieren. Wir können auch sagen, daß eine Bank nicht ohne Geld existieren kann und daß folglich die Bank bedingt wird durch Warenverhältnisse in der Produktion, gleich welchen Ausmaßes.

Der Verfasser des Artikels zitiert dann einige Abschnitte von Lenin, um den Charakter des Imperialismus als Produkt des Finanzkapitals, d. h. der Fusion von Industriekapital und Bankkapital in ein einziges, darzustellen. Hier stellt sich erneut die Frage: das Ei oder die Henne? Herrscht ein Kapital in dieser Beziehung vor? Welches? Oder sind beide gleich stark?

Lenin postuliert folgende Bedingungen des Imperialismus:

*1. Eine Konzentration der Produktion und des Kapitals, die eine so hohe Entwicklungsstufe erreicht hat, daß sie Monopole schafft, die im Wirtschaftsleben die entscheidende Rolle spielen; 2. Verschmelzung des Bankkapitals mit dem Industriekapitel und Entstehung einer Finanzoligarchie auf der Basis dieses „Finanzkapitals"; 3. der Kapitalexport, zum Unterschied vom Warenexport, gewinnt besonders wichtige Bedeutung; 4. es bilden sich internationale monopolistische Kapitalistenverbände, die die Welt unter sich teilen, und 5. die territoriale Aufteilung der Erde unter die kapitalistischen Großmächte ist beendet. Der Imperialismus ist der Kapitalismus auf jener Entwicklungsstufe, wo die Herrschaft der Monopole und des Finanzkapitals sich herausgebildet, der Kapitalexport hervorragende Bedeutung gewonnen, die Aufteilung der Welt durch die internationalen Trusts begonnen hat und die Aufteilung des gesamten Territoriums der Erde durch die größten kapitalistischen Länder abgeschlossen ist.**

* Lenin, Der Imperialismus als höchstes Stadium des Kapitalismus. Werke, Bd. 22, Berlin (DDR) 1960, S. 270

Man beachte, daß die Aufteilung der Welt als die letzte Phase und danach, als an anderer Stelle erklärtes Korellat, die Anwendung der Gewalt, d. h. der Krieg bezeichnet wird. Weshalb teilten die Monopole die Welt unter sich auf? Die Antwort lautet konkret: um Rohstoffquellen für ihre Industrie zu gewinnen. Das heißt, die objektiven Bedürfnisse der Produktion schaffen im entwickelten kapitalistischen System diejenigen Funktionen des Kapitals, die zum Entstehen des Imperialismus führen, oder, was dasselbe ist, das Industriekapital ist der Erzeuger des Finanzkapitals und kontrolliert es direkt oder indirekt. Das Gegenteil anzunehmen, hieße dem Fetischismus zu verfallen, den Marx an der bürgerlichen Analyse des kapitalistischen Systems angreift.

Lenin zitiert wie folgt:

*Mit den Banken ist „die Form einer allgemeinen Buchführung und Verteilung der Produktionsmittel auf gesellschaftlicher Stufenleiter gegeben, aber auch nur die Form“, schrieb Marx vor einem halben Jahrhundert im „Kapital“.**

Der nordamerikanische Ökonom Victor Perlo hat der Analyse der nordamerikanischen Monopole dicke Bücher gewidmet und fand dabei stets große Produktionszweige an zentraler Stelle in diesen Gruppen. Die Analyse ihrer relativen Entwicklung in den letzten Jahren zeigt, daß diejenigen Monopole das stärkste Wachstum zu verzeichnen haben, die den Zweigen der hochentwickelten technischen Industrie angehören, wie die Gruppe Dupont (Chemische Industrie), Mellon (Aluminium) oder Rockefeller (Erdöl), deren relativer Zuwachs zwischen 325–385% liegt. Demgegenüber verzeichnete die Gruppe Kuhn Loeb (Eisenbahn) einen leichten Rückgang und die Gruppe Boston (Leichtindustrie) einen Zuwachs von nur 31%, was auf einen deutli-

* Lenin, Der Imperialismus als höchstes Stadium des Kapitalismus. Werke Bd. 22, Berlin (DDR) 1960, S. 220

chen Zusammenhang zwischen Produktion, Monopolen und ihrem Glück in diesem Konkurrenzkampf unter Wölfen schließen läßt. Lenin spricht in dem von Marcelo Fernández erwähnten, vor der Machtübernahme geschriebenen Artikel von den Banken als wichtigen Faktoren der „Rechnungsführung und der Kontrolle". Man hat den Eindruck, daß er die Konsolidierung des gesamten Finanzapparates anstrebt, so daß dieser die schon von Marx dargelegte Hauptfunktion erfüllen kann, nämlich die der gesellschaftlichen Rechnungsführung.

In der Tat ist die Bank des Monopols dessen eigenes Finanzministerium, in der Dualität eines Staates innerhalb des Staates, die in dieser Phase entscheidend wird. In den Zeiten des Aufbaus der sozialistischen Gesellschaft ändern sich alle Begriffe, die das politische Leben der Bank umfassen, und es muß ein anderer Weg gesucht werden, um ihre Erfahrung zu nutzen. Die von Marcelo angestrebte Zentralisierung läßt sich erreichen, indem alle Verantwortungen dem Ministerium für Finanzen übertragen werden, das der oberste Apparat der „Rechnungsführung und der Kontrolle" des gesamten Staates wäre.

Den politischen Aspekt des kapitalistischen Bankwesens betont Marx im folgenden Abschnitt:

Von ihrer Geburt an waren die mit nationalen Titeln aufgestutzten großen Banken nur Gesellschaften von Privatspekulanten, die sich den Regierungen an die Seite stellten und, dank der erhaltenen Privilegien, ihnen Geld vorzuschießen imstande waren. Daher hat die Akkumulation der Staatsschuld keinen unfehlbareren Gradmesser als das sukzessive Steigen der Aktien dieser Banken, deren volle Entfaltung von der Gründung der Bank von England datiert (1694). Die Bank von England begann damit, der Regierung ihr Geld zu 8% zu verleihen; gleichzeitig war sie vom Parlament ermächtigt, aus demselben Kapital Geld zu münzen, indem sie es dem Publikum nochmals in Form von Banknoten lieh. Sie durfte mit diesen Noten Wechsel diskontieren, Waren belei-

*hen und edle Metalle einkaufen. Es dauerte nicht lange, so wurde dies von ihr selbst fabrizierte Kreditgeld die Münze, worin die Bank von England dem Staat Anleihen machte und für Rechnung des Staats die Zinsen der öffentlichen Schuld bezahlte. Nicht genug, daß sie mit einer Hand gab, um mit der anderen mehr zurückzuempfangen; sie blieb auch, während sie empfing, ewige Gläubigerin der Nation bis zum letzten gegebenen Heller. Allmählich wurde sie der unvermeidliche Behälter der Metallschätze des Landes und das Gravitationszentrum des gesamten Handelskredits. Um dieselbe Zeit, wo man in England aufhörte, Hexen zu verbrennen, fing man dort an, Banknotenfälscher zu hängen. Welchen Effekt auf die Zeitgenossen das plötzliche Auftauchen dieser Brut von Bankokraten, Finanziers, Rentiers, Maklern, Stockjobbers und Börsenwölfen machte, beweisen die Schriften jener Zeit, z. B. Bolingbrokes. („Wenn die Tataren heute Europa überfluteten, würde es schwerhalten, ihnen verständlich zu machen, was bei uns ein Finanzier ist." Montesquieu, „Esprit des lois", t. IV,.33, éd. Londres 1769).**

Was die ökonomischen Funktionen des sozialistischen Bankwesens betrifft, so nennt Marcelo Fernández sieben. Davon stehen die unter Punkt 1) „Regulierung des Geldumlaufs", und unter Punkt 2) „Zentrale Abrechnungs- und Zahlungsstelle des Landes" erwähnten Funktionen in keinem fundamentalen Widerspruch zu unserer Auffassung, ausgenommen vielleicht im Hinblick auf das Maß an Autonomie gegenüber der höchsten Finanzbehörde, dem Finanzministerium, und im Hinblick auf die Zweifel in bezug auf eine reale Möglichkeit der „Regulierung" des Geldumlaufs durch die Bank. Wir glauben jedoch nicht, daß dies der Zeitpunkt ist, diese Fragen näher zu untersuchen.

Zu Punkt 3) „Kreditgewährung" heißt es im Artikel:

* K. Marx, Das Kapital. Berlin (DDR) 1962, Bd. I, S. 783.

Der Kredit ist eine typische Funktion der Bank, die während des Aufbaus des Sozialismus nicht verschwindet, sondern ein flexibles Instrument zur Förderung einer proportionierten und harmonischen Entwicklung der Wirtschaft und der Erfüllung der Wirtschaftspläne darstellt.

Ohne auf die Darstellung des Ursprungs des Bankkreditsystems als einer Manifestation gegen das Wuchertum einzugehen, werden wir jedoch einige Abschnitte von Marx zu diesem Thema zitieren:

Es muß aber nie vergessen werden, daß erstens das Geld – in der Form der edlen Metalle – die Unterlage bleibt, wovon das Kreditwesen der Natur der Sache nach nie loskommen kann. Zweitens, daß das Kreditsystem das Monopol der gesellschaftlichen Produktionsmittel (in der Form von Kapital und Grundeigentum) in den Händen von Privaten zur Voraussetzung hat, daß es selbst einerseits eine immanente Form der kapitalistischen Produktionsweise *ist, und andererseits eine treibende Kraft ihrer Entwicklung zu ihrer höchst- und letztmöglichen Form.*
Das Banksystem ist, der formellen Organisation und Zentralisation nach, wie schon 1697 in „Some Thoughts of the Interests of England" ausgesprochen, das künstlichste und ausgebildetste Produkt, wozu es die kapitalistische Produktionsweise überhaupt bringt. *Daher die ungeheure Macht eines Instituts wie Bank v. E. auf Handel und Industrie, obgleich deren wirkliche Bewegung ganz außerhalb ihres Bereiches bleibt, und sie sich passiv dazu verhält. Es ist damit allerdings die Form einer allgemeinen Buchführung und Verteilung der Produktionsmittel auf gesellschaftlicher Stufenleiter gegeben, aber auch nur die Form. Wir haben gesehen, daß der Durchschnittsprofit des einzelnen Kapitalisten, oder jedes besonderen Kapitals, bestimmt ist, nicht durch die Mehrarbeit, die dies Kapital in erster Hand aneignet, sondern durch das Quantum von Gesamtmehrarbeit, die das Gesamtkapital aneignet, und wovon jedes besondre Kapital nur als propor-*

tioneller Teil des Gesamtkapitals seine Dividende zieht. Dieser gesellschaftliche Charakter des Kapitals wird erst vermittelt und vollauf verwirklicht durch volle Entwicklung des Kredit- und Banksystems. Andrerseits geht dies weiter. Es stellt den industriellen und kommerziellen Kapitalisten alles disponible und selbst potentielle, nicht bereits aktiv engagierte Kapital der Gesellschaft zur Verfügung, so daß weder der Verleiher noch der Anwender dieses Kapitals dessen Eigentümer oder Produzenten sind. Es hebt damit den Privatcharakter des Kapitals auf, und enthält so an sich, aber auch nur an sich, die Aufhebung des Kapitals selbst. Durch das Bankwesen ist die Verteilung des Kapitals den Händen der Privatkapitalisten und Wucherer als ein besondres Geschäft, als gesellschaftliche Funktion entzogen. Bank und Kredit werden aber dadurch zugleich das kräftigste Mittel, die kapitalistische Produktion über ihre eignen Schranken hinauszutreiben, und eins der wirksamsten Vehikel der Krisen und des Schwindels.

Das Banksystem zeigt ferner durch die Substitution verschiedner Formen von zirkulierendem Kredit an Stelle des Geldes, daß das Geld in der Tat nichts andres ist als ein besondrer Ausdruck des gesellschaftlichen Charakters der Arbeit und ihrer Produkte, der aber als im Gegensatz zu der Basis der Privatproduktion stets in letzter Instanz als ein Ding, als besondre Ware neben andren Waren sich darstellen muß.

Endlich unterliegt es keinem Zweifel, daß das Kreditsystem als ein mächtiger Hebel dienen wird während des Übergangs aus der kapitalistischen Produktionsweise in die Produktionsweise der assoziierten Arbeit; jedoch nur als ein Element im Zusammenhang mit andren großen organischen Umwälzungen der Produktionsweise selbst. Dagegen entspringen die Illusionen über die wunderwirkende Macht des Kredit- und Bankwesens, im sozialistischen Sinn, aus völliger Unkenntnis der kapitalistischen Produktionsweise und des Kreditwesens als einer ihrer Formen. Sobald die Produktionsmittel aufgehört haben, sich in Kapital zu verwandeln (worin auch die Aufhebung des Privateigentums eingeschlossen ist), hat der Kredit als solcher keinen Sinn mehr, *was übrigens selbst die St. Simonisten eingesehen haben. Solange andrerseits die kapitalistische Produktionsweise fortdauert, dauert das zinstragende Kapital als eine ihrer Formen fort, und bildet in der Tat die Basis ihres Kreditsystems. Nur derselbe Sensationsschriftsteller, Proudhon, der die Warenproduktion fortbestehn lassen und das Geld aufheben wollte,* war fähig, das Ungeheuer eines crédit gratuit zu erträumen, diese vorgebliche Realisation des frommen Wunsches des kleinbürgerlichen Standpunkts.***

Wir haben gesehen, daß unter dieser Überschrift in dem Artikel der Zins nicht erwähnt wird, den die Bank von den staatlichen Betrieben für das ihnen in Form von Bankkrediten geliehene Geld fordert. Wenn Marx, wie wir gesehen haben, erklärt, daß die Aufhebung des Privateigentums dem Kredit als solchen jeglichen Sinn nimmt, wie steht es dann mit dem Zins?

Dazu sagt Marx:

Im zinstragenden Kapital erreicht das Kapitalverhältnis seine äußerlichste und fetischartigste Form. Wir haben hier G-G', Geld, das mehr Geld erzeugt, sich selbst verwertenden Wert, ohne den Prozeß, der die beiden Extreme vermittelt. Im Kaufmannskapital, G-W-G', ist wenigstens die allgemeine Form der kapitalistischen Bewegung vorhanden, obgleich sie sich nur in der Zirkulationssphäre hält, der Profit daher als bloßer Veräußerungsprofit erscheint; aber immerhin stellt er sich dar als ein Produkt eines gesellschaftlichen Verhältnisses, nicht als Produkt eines bloßen Dings. Die Form des Kaufmannskapitals stellt immer noch einen Prozeß dar, die Einheit entgegengesetzter Phasen, eine Bewegung, die in zwei

* Marx. „Misére de la Philosophie“, Bruxelles et Paris, 1847. – K. Marx, „Kritik der Politischen Ökonomie“ (Anm. von Marx)
* K. Marx, Das Kapital, Berlin (DDR) 1964, Bd. III, S. 620 f.

*entgegengesetzte Vorgänge zerfällt, in Kauf und Verkauf von Waren. Dies ist ausgelöscht in G-G', der Form des zinstragenden Kapitals.**

Zu Beginn des Artikels von Fernández, wo noch von der Privatbank die Rede ist, wird der Zins wie folgt erwähnt:

Darin besteht der Bankkredit. Der Bankkredit kann kurzfristig oder langfristig sein und wirft immer Zinsen ab, die die Haupteinnahmen der Bank ausmachen.

Wenn diese Situation heute gültig ist, wenn man in Betracht zieht, daß, technisch gesehen, der Zins für die Unternehmen kein Kostenelement, sondern ein Abzug der Mehrarbeit des Arbeiters für die Gesellschaft ist, der eine Einnahme für den Staatshaushalt bilden sollte, ist es nicht in Wirklichkeit der Arbeiter, der die Geschäftskosten des Bankapparates im wesentlichen finanziert?

Zu sagen, daß das Haushaltsdefizit „ein unvermeidliches Übel bildet", ohne in seine Analyse einzugehen; sowie zu behaupten, daß die „Verwendung von internationalen Krediten in Zukunft die nationale Volkswirtschaft belasten werden", heißt, heute am fetischistischen Konzept der klassischen Ökonomie festzuhalten.

In bezug auf Punkt 4) „Finanzierung der Investitionen", glauben wir, daß man da formalen oder fiktiven Aspekten, oder, was dasselbe ist, dem Fetischismus, der die wahren Produktionsverhältnisse verdeckt, verfällt.

Dies wäre nur eine reale Funktion, wenn die Bank die Investitionen aus eigenen Mitteln finanzierte, was aber wiederum in einer sozialistischen Wirtschaft absurd wäre. Was die Bank tut, ist, die durch den Investitionsplan aus dem Staatshaushalt zugewiesenen Mittel zu verteilen und sie den jeweiligen Invesititionsapparaten zur Verfügung zu stellen.

Dieser Aspekt der Investitionsfinanzierung und -kon-

* K. Marx, Das Kapital, Berlin (DDR) 1964, S. 404.

trolle, besonders im Hinblick auf die Bauindustrie, wie auch das Bankkreditsystem und der Zins, bilden wesentliche Unterschiede, die zwischen dem System, das im vorliegenden Artikel als das der wirtschaftlichen Autonomie bezeichnet wird, und dem System der Haushaltsmäßigen Finanzierung bestehen. Die Investitionsfinanzierung und -kontrolle wird Gegenstand eines Artikels des Genossen Alvares Rom sein, da Bedeutung und Dimension des Themas dies erfordern. Dennoch werden wir die Grundzüge dieses Verfahrens darstellen, wie es auch schon durch das Finanzministerium im Investitionsforum geschehen ist.

Das Finanzministerium gelangt zu dem Schluß, daß die ganze gegenwärtige Konfusion um die Kontrolle der Investitionen auf der merkantilen Konzeption beruht, auf die sie sich stützt. Wir sehen die Bank immer noch als Vertreterin der Monopole an, die über Art und Effektivität der Investitionen wacht. In einem System der Vorherrschaft des Haushalts und bei geeignetem Funktionieren der Kontrollen, hat die Bank an den Investitionsentscheidungen überhaupt nicht mitzuwirken, da dies eine ökonomisch-politische Aufgabe ist (JUCEPLAN). An der physischen Investitionskontrolle darf die Bank nicht beteiligt sein – dies würde dazu zwingen, einen riesigen und sinnlosen Apparat aufzubauen –, sondern nur die direkt daran interessierte Investitionsorganisation, während die finanzielle Kontrolle das Finanzministerium führen kann, das für den Staatshaushalt verantwortlich und die einzige Stelle ist, an der das Mehrprodukt zur geeigneten Verwendung gesammelt werden muß. Die Bank sollte sich hauptsächlich der Aufgabe widmen, die Einhaltung der korrekten Verfahren bei Abhebung der Mittel zu beobachten, was ihre spezifische Funktion ist.

Zu Punkt 5) „Devisenverwaltung und Auslandstransaktionen“ sind keine Bemerkungen zu machen.

Unter Punkt 6) „Organisation der Ersparnisse der Bevölkerung“ läßt sich der Verfasser zu sehr von der Idee von deren Ausbreitung und Propagierung lenken. Dagegen wenden wir nichts ein, mehr noch, wir befürworten, daß stets eine klare Sprache zur Erklärung der ökonomischen Mechanismen verwendet wird; aber diese Klarheit muß sich mit der Richtigkeit vertragen, was bei der Erklärung des Genossen Marcelo Fernández nicht der Fall ist, wenn er sagt:

Das gesparte Geld schwindet aus dem Umlauf, was dazu beiträgt, das Gleichgewicht zwischen Warenfonds und der Kaufkraft der Bevölkerung wiederherzustellen, was unter den gegenwärtigen Bedingungen in Kuba besonders sinnvoll ist. Außerdem bilden die Ersparnisse der Bevölkerung eine wichtige Quelle für die Bank, um Kredite zu vergeben, die zur Finanzierung der Entwicklung der nationalen Wirtschaft bestimmt sind.

Das gesparte Geld wird vorübergehend dem Umlauf entzogen, und diese Ressourcenquelle ist nur dann ökonomisch sinnvoll verwendet, wenn sie dazu bestimmt ist, mittels Bankkrediten die private Tätigkeit zu finanzieren, da es absurd wäre zu glauben, daß in einer sozialistischen Wirtschaft die Kosten für die Zinsen, die aus der Zinszahlung an den Sparer entstehen, durch Zinszahlungen der staatlichen Unternehmen kompensiert werden.

Es wäre viel interessanter und nützlicher gewesen, die Zusammenstellung der Ersparnisse und ihre Kosten zu erfahren und die Gründe, weshalb in jeder der Sparerstufen gespart wird und welche Maßnahmen wirklich ökonomischer Art, wie zum Beispiel Steuern, Preise und andere, ratsam sind und mit Sicherheit dazu beitragen, „das Gleichgewicht zwischen Warenfonds und der Kaufkraft der Bevölkerung wiederherzustellen".

Zur Funktion, „Kredite zu vergeben, die zur Finanzierung der Entwicklung der nationalen Wirtschaft bestimmt sind", haben wir schon unsere ablehnende Stellungnahme definiert.

Die letzte Aufgabe: 7) „Ökonomische Kontrolle durch die Bank", ist Teil der von Marcelo Fernández im Kapitel

„Anwendung der zwei Finanzierungssysteme in Kuba“ aufgezeigten Kontroverse.

In der Behandlung des Themas vertieft sich der Verfasser nochmals in die Untersuchung der genauen Bedeutung des russischen Ausdrucks, der schon Anlaß zu vielen Diskussionen gewesen ist, und gibt eine neue Deutung, die uns bereits in den Arbeiten einiger Berater der Bank begegnet ist. Unserer Auffassung nach ist der neue Begriff nicht glücklich gewählt.

Die Behauptung, „Khozraschot“ sei ein Unternehmensprinzip, das in Kuba als das System der wirtschaftlichen Autonomie bekannt ist, und daß sich unter den Prinzipien der Autonomie die „relative Unabhängigkeit und die geplante Tätigkeit, d. h. die den wichtigsten Proportionen des Staatlichen Wirtschaftsplans untergeordnet ist“, befinde, läßt uns vermuten, daß der Verfasser bestenfalls nicht gut übersetzt hat.

Der Ausdruck „wirtschaftliche Autonomie“ ist, absolut gesehen, in Verknüpfung mit dem der relativen Unabhängigkeit als einem ihrer Grundsätze, eine grammatische Konstruktion, deren Inhalt wir nicht verstehen können und der keine Definition bietet, die eine Klärung möglich macht.

Die geplante Tätigkeit ist nicht gleichzusetzen mit der Unterordnung unter die wichtigsten Proportionen des Staatlichen Wirtschaftsplans und stellt auch in keiner Weise ein Konzept dar.

Bei der Charakterisierung beider Systeme wurde keine Methode angewendet, die eine leichte Vergleichbarkeit ermöglichte; ein logischer Fehler, da es keine reichliche Literatur zu diesem Thema gibt (in Nr. 5 von „Nuestra Industria – Revista Económica“ – versuchte ich, die Analyse systematischer vorzunehmen, der Leser sei darauf verwiesen); dennoch glauben wir, daß eine objektivere Analyse des Haushaltsmäßigen Finanzierungssystems gemacht werden könnte, eines Systems, das sich auf ein vom Ministerrat sanktioniertes Gesetz stützt, demnach also keine eitle Laune einiger Leute, sondern eine anerkannte Realität ist.

Zum Punkt der Beschreibung dieses Systems durch Fernández: a) *„Die Unternehmen erhalten eine Aufstellung des Standes ihres Ausgabenfonds für eine bestimmte Periode, sagen wir drei Monate, bevor die Einnahmen erfolgen, unabhängig von ihrer Höhe."*

Was die Unternehmen erhalten, sind nicht Aufstellungen ihres Kontostandes bei der Bank, sondern Mittel, die der Ausgabengenehmigung äquivalent sind, die entsprechend dem beschlossenen Finanzplan erteilt wird, und die bei der Bank in getrennten Konten für Löhne und andere Ausgaben eingetragen werden. Diese Unterteilung erlaubt eine leichte Kontrolle des Lohnfonds, was bei der finanziellen Eigenständigkeit, so wie sie gegenwärtig in Kuba verstanden wird, nicht möglich ist.

Kürzlich, in einer Erklärung im Fernsehen, entwarf der Präsident der Nationalbank eine Formel zur Kontrolle des Lohnkontos, die eine Diskussion auf der Ebene der Betriebseinheit in jedem Fall voraussetzt, was ernste administrative Widerstände mit sich bringen wird, wenn versucht werden sollte, sie einzuführen, ohne die möglichen Konsequenzen sehr eingehend zu untersuchen (es darf nicht vergessen werden, daß die Löhne Teil des Umlauffonds der Betriebe sind).

Es besteht hier der weit verbreitete Glauben, daß die direkte Beziehung zur Bank die Analyse aller Produktionsfaktoren und die Unmöglichkeit garantiere, sich der wachsenden Aufmerksamkeit dieses Organs zu entziehen. Das ist aber unter den gegenwärtigen Bedingungen in Kuba eine Illusion, und die Bank hat in ihren Beziehungen zu den Organisationen der Eigentätigkeit beweiskräftige Belege für diese Behauptung. Im Jahr 1931 formulierte Stalin folgende Analyse:

Aber das ist noch nicht alles. Dazu kommt noch der Umstand, daß die Prinzipien der wirtschaftlicher Rechnungsführung infolge einer Mißwirtschaft in einer ganzen Reihe unserer Betriebe und Wirtschaftsorganisationen völlig untergra-

*ben worden sind. Es ist Tatsache, daß man in einer Reihe von Betrieben und Wirtschaftsorganisationen schon längst aufgehört hat zu berechnen, zu kalkulieren, fundierte Bilanzen der Einnahmen und Ausgaben aufzustellen. Es ist Tatsache, daß in einer Reihe von Betrieben und Wirtschaftsorganisationen die Begriffe „Sparkamkeitsregime", „Herabsetzung der unproduktiven Ausgaben", „Rationalisierung der Produktion" schon längst aus der Mode gekommen sind. Offenbar rechnen sie darauf, daß die Staatsbank „uns sowieso die nötigen Summen geben wird". Es ist Tatsache, daß in letzter Zeit die Selbstkosten in einer ganzen Reihe von Betrieben zu steigen begonnen haben. Man hat es ihnen zur Aufgabe gemacht, die Selbstkosten um zehn und mehr Prozent zu senken, sie aber erhöhen sie.**

Wir zitieren ihn, einfach um zu beweisen, daß der administrativen Organisation schwierige Aufgaben bevorstehen, bevor irgendein System eingeführt werden kann, und dies muß die Richtung unserer wichtigsten Anstrengung zum gegenwärtigen Zeitpunkt sein.

In den Punkten: b) *„Die moralischen Anreize zeigen sich als die wichtigste Form der Förderung und Verbesserung der Produktion, und sie werden ergänzt durch die materiellen Anreize"*, und

c) *„In den Betrieben erfolgt eine ‚Kontrolle durch die Kosten'"*, wird eine gefährliche Vereinfachung vorgenommen. In meinem letzten, schon zitierten Artikel, führe ich zwei fundamentale Merkmale an:

Mit dieser Reihe von Zitaten haben wir versucht, die Themen festzulegen, die wir für die Erklärung des Systems als grundlegend betrachten:
Erstens: Der Kommunismus ist ein Ziel, das die Menschheit nur bewußt erreicht; daher ist die Erziehung, die Beseitigung

* J. Stalin, Neue Verhältnisse – neue Aufgaben des wirtschaftlichen Aufbaus, Werke, Bd. 13, Berlin (DDR) 1950, S. 67

der Deformationen, die die alte Gesellschaft im Bewußtsein der Menschen hinterlassen hat, außerordentlich wichtig. Wir dürfen dabei natürlich nicht vergessen, daß ohne gleichzeitige Fortschritte auf dem Gebiet der Produktion eine kommunistische Gesellschaft nie erreicht werden kann.
Zweitens: Die Formen der Leitung der Wirtschaft, als technischer Aspekt dieser Frage, müssen von dort übernommen werden, wo sie am weitesten entwickelt sind, soweit sie der neuen Gesellschaft angepaßt werden können. Die Technologie der Petrochemie des imperialistischen Lagers kann vom sozialistischen Lager ohne Angst vor einer Ansteckung durch die bürgerliche Ideologie angewandt werden. Für den Bereich der Ökonomie (in allen Aspekten der technischen Normen der Leitung und Kontrolle der Produktion) gilt dasselbe.
*Man könnte, wenn es nicht als anmaßend empfunden wird, die Marxsche Charakterisierung der Dialektik Hegels paraphrasieren und sagen, daß einige dieser Techniken vom Kopf auf die Füße gestellt werden können.**

Wir verstehen den Kommunismus nicht als die rechnerische Summe der Konsumgüter in einer gegebenen Gesellschaft, sondern als das Ergebnis eines bewußten Handelns; daher die Wichtigkeit der Erziehung und folglich der Veränderung des Bewußtseins der Individuen im Rahmen einer sich in voller materieller Entwicklung befindlichen Gesellschaft.

Die Frage der Kontrolle durch die Kosten wird im von mir verfaßten Artikel „Betrachtungen über die Produktionskosten als Grundlage der wirtschaftlichen Analyse der Betriebe, die unter dem Haushaltsmäßigen Finanzierungssystem arbeiten", aufgegriffen.** Dorthin verweise ich den interessierten Leser, mit der Bemerkung, daß das Wichtigste die Diskussion über die Möglichkeit ist, bewußt das Wertgesetz anzuwenden, und daß sich die Methode auf die

* Aus: Über das Haushaltsmäßige Finanzierungssystem; in diesem Buch, S. 70

** Nuestra Industria, Revista Económica, Nr. 1/1963

Entwicklung eines umfassenden und effektiven Kontrollapparates gründet, der diese Aufgaben in automatische umwandelt.

„Unsere gesamte Arbeit", führen wir in jenem Artikel aus, „muß darauf gerichtet sein, zu erreichen, daß die administrative Aufgabe, die Kontrolle und die Führung ständig vereinfacht wird und daß die Anstrengungen der Institutionen sich auf die Planung und die technologische Entwicklung konzentrieren. Wenn sämtliche Parameter festgelegt und die Methoden und Gewohnheiten der Kontrolle eingeführt sein werden, wird diese Arbeit mit fortschreitender Planung auf allen Gebieten der Wirtschaft automatisch durchgeführt und keine ernsten Probleme aufwerfen. In diesem Augenblick werden die modernen Methoden der Planung ihre Bedeutung erlangen, und es wird möglich sein, sich dem Ideal zu nähern, daß die Wirtschaft mittels mathematischer Untersuchungen gesteuert wird und durch sie die optimalen Proportionen zwischen Akkumulation und Konsum sowie zwischen den verschiedenen Zweigen der Produktion gewählt werden; ohne dabei natürlich zu vergessen, daß der Mensch, Grund unserer Revolution und unserer Bestrebungen, nicht auf eine einfache Formel reduziert werden kann und daß seine Bedürfnisse jeden Tag komplexer werden und den Rahmen der einfachen Befriedigung materieller Bedürfnisse sprengen. Die verschiedenen Produktionszweige werden zunehmend automatisiert und die Produktivität des Arbeiters riesig steigern, und die freie Zeit wird in höchstem Grad kulturellen, sportlichen und wissenschaftlichen Aufgaben gewidmet werden, und die Arbeit wird ein gesellschaftliches Bedürfnis sein."*

Zu Punkt d) *„Wegen ihrer Verbindung zum Staatshaushalt, durch die Gesamtausgaben und -einnahmen, verwenden die Unternehmen den Bankkredit nie in direkter Form."*

Wir glauben, daß das System des Bankkredits und des

* Nuestro Industria, Revista Económica, Nr. 1/1963

An- und Verkaufs von Waren innerhalb des staatlichen Sektors, bei Anwendung des Haushaltsmäßigen Finanzierungssystems, überflüssig wird.

Um den Unterschied zwischen beiden Systemen zu begreifen, dessen Unkenntnis die Kommentare des Artikels verursacht, muß man bedenken, daß diese Kategorien als Folge der individualisierten Betrachtung unabhängiger Vermögens-Eigentümer auftreten und daß sie in dieser Form beibehalten werden, um über sie als Instrument zur Kontrolle der nationalen Wirtschaft zu verfügen, da das Eigentum in der Tat beim gesamten Volke liegt. Diese Fiktion, die soweit geht, daß sie das Denken der Menschen beherrscht, wie der Artikel beweist, auf den wir antworten, wird durch die Anwendung des Haushaltsmäßigen Finanzierungssystems beseitigt.

In diesem System ist das Prinzip der kommerziellen Leistung innerhalb des staatlichen Sektors strikt formal und vom Plan beherrscht und dient nur zum Zweck der Wirtschaftsrechnung, der Buchführung, der finanziellen Kontrolle usw., aber es wird nie in fetischistischer Form über den gesellschaftlichen Inhalt der Produktion dominieren, da das Unternehmen kein dem Staat entgegengesetztes Vermögen besitzt und es daher das Ergebnis seiner Produktion und die Reposition der Kosten weder in eigenen Fonds zurückbehält noch akkumuliert. Im Haushaltsmäßigen System erfolgt der An- und Verkauf von Waren nur dort, wo der Staat an andere Eigentumsformen verkauft (ohne Anführungszeichen); und bei der Ausfuhrung dieses merkantilen Austausches essentieller Art überführt das Unternehmen durch die Einziehung und Deponierung des Preises der verkauften Waren die Gesamtheit der Kosten und inneren Akkumulationen, die vom ersten bis zum letzten Produktions- und Verkaufsvorgang angefallen sind, auf den Staatshaushalt. Auf diese Weise würde der nationale Akkumulationsfonds nicht geschädigt werden, wenn einer der formalen Zwischenakte der „Zahlung und Einziehung“, die nichts weiter sind als Buchungsausgleiche ohne ökonomischen Effekt, sich wegen Nachlässigkeit oder mangelhafter Organisation usw. nicht ausgleichen sollte, wenn nur der letzte Tauschakt, der einzige im wesentlichen ökonomischen Inhaltes, vollzogen wird. Dieses System schwächt die Vorstellung des Vermögens einzelner Gruppen in den Fabriken des Staates, was objektiv für die philosophische Entwicklung des Marxismus-Leninismus nützlich ist. Es macht die Steuer und Anleihe gegen Zinsen überflüssig, da das Unternehmen die eigenen Fonds weder zurückhält noch akkumuliert, wodurch von nun an Kategorien, die während des Entwicklungprozesses miteinander rivalisieren, ihrem Wesen und ihrer Form nach beseitigt werden. (Unveröffentlichte Arbeit von Luis Alvares Rom.)

Die Finanzierung eines Unternehmens wird einerseits durchgeführt, um, zum Zweck der Buchführung und der gesellschaftlichen Kontrolle, ein anderes Unternehmen für die materialisierte Arbeit zu kompensieren; andererseits, um die in jedem Prozeß der gesellschaftlichen Produktion hinzugefügte lebendige Arbeit zu vergüten. Wenn der erste dieser beiden Vorgänge formal und ohne ökonomischen Inhalt, da kompensierend, ist und wenn der zweite die Abgabe des Lohnes an den Arbeiter ist, die nach Nutzung seiner Arbeitskraft zur Produktion von Gebrauchswerten erfolgt, welcher Schluß folgt dann aus diesen Prämissen? Es ist der Arbeiter, der tatsächlich den Kredit gewährt.

Marx sagt:

Der Kapitalist kauft die Arbeitskraft, ehe sie in den Produktionsprozeß eintritt, zahlt sie aber erst in verabredeten Terminen, nachdem sie schon vorausgabt ist in der Produktion von Gebrauchswert. Wie der übrige Wertteil des Produkts, gehört ihm auch der Teil desselben, der nur ein Äquivalent für das in Zahlung der Arbeitskraft verausgabte Geld ist, der den variablen Kapitalwert repräsentierende Wertteil des Produkts. In diesem Wertteil selbst hat der Arbeiter ihm das Äquivalent für seinen Arbeitslohn bereits geliefert. Es ist aber die Rück-

*verwandlung der Ware in Geld, ihr Verkauf, die dem Kapitalisten sein variables Kapital wieder herstellt als Geldkapital, das er von neuem in Ankauf der Arbeitskraft vorschießen kann.**

Zu behaupten, daß die Bank den Haushalt durch Emission und Verwendung von zwischenstaatlichen Krediten finanziert und daß „angesichts der Tatsache, daß in der kubanischen Wirtschaft nicht die monetären Ressourcen für die Vergabe derartiger Bankkredite an die Staatsfinanzen geschaffen wurden, ein inflationärer Druck entsteht und der Bedarf an ausländischen Krediten wächst", heißt, die Fiktion über ihre normalen Grenzen hinauszuführen, indem der Bankkredit und die Staatsfinanzen in einer Art gegenübergestellt werden, die die Marxschen Worte, die an anderer Stelle dieses Artikels zitiert wurden, fast widerlegen:

*Nicht genug, daß sie mit der einen Hand gab, um mit der anderen mehr zurückzuempfangen; sie blieb auch, während sie empfing, ewige Gläubigerin der Nation bis zum letzten gegebenen Heller.***

Dies gilt ohne hinzuzufügen, daß die Bank, außerhalb des Staates, NICHTS – großgeschrieben – hat, trotz der juristischen Fiktion des Gesetzes, die ihr ein Eigentum zuschreibt. Bezüglich der Finanzdisziplin wird von den Haushaltsmäßigen Unternehmen behauptet: „Einige dieser Unternehmen scheinen keinen Anreiz zu haben, den Betrag für ihre Waren und Dienste einzukassieren, da sie ihre Ausgaben gedeckt haben und es also für sie nur bedeutet, keinen Beitrag zum Haushalt zu leisten."

Diese Aussage entbehrt so sehr jeglicher Grundlage, daß sie nur mit einer anderen verglichen werden kann, nach der der gleiche Effekt von einem selbstfinanzierten Unterneh-

* K. Marx, Das Kapital, Berlin 1963, Bd. II, S. 398

** K. Marx, Das Kapital, Berlin (DDR) 1962, Bd. I, S. 783

men hervorgerufen würde; einen Bankkredit nicht zurückzuzahlen würde für es nur bedeuten, einen Beitrag zum Haushalt nicht zu leisten oder die Steuern nicht zu zahlen, was, nebenbei gesagt, nicht die Ausnahme gewesen ist.

Nach einer detaillierten, auf den Bankbüchern basierenden Darstellung der Nichterfüllung des Gesetzes Nr. 1007 durch die haushaltsmäßig finanzierten Unternehmen, behauptet der Artikel folgendes:

Man kann argumentieren, daß die wirtschaftlich autonomen Unternehmen auch diese Überschreitungen begehen, und wir müssen sogar darauf hinweisen, daß seit dem Inkrafttreten des Gesetzes Nr. 1007 die Unternehmen des INRA einen beklagenswerten ersten Platz einnehmen, an Häufigkeit und Höhe der Überschreitungen. Darauf müßte jedoch geantwortet werden, daß die Unternehmen des INRA nie wirklich als wirtschaftlich autonome Unternehmen gearbeitet haben.

Vor einer derartigen Behauptung, die der Ernsthaftigkeit eines Artikels dieser Art nicht genügt, ist es angebracht, folgende Fragen zu stellen:

Weshalb hat das INRA nie wirklich innerhalb dieses Systems gearbeitet?

Liegt es daran, daß die übrigen Organe versucht haben, dies zu verhindern?

Liegt es daran, daß ihm von Seiten des Finanzministeriums und der Bank keine Mithilfe gegeben wurde?

Liegt es daran, daß die in all den Ausbildungskursen und auf allen Ebenen angebotene Untersuchung und Darstellung dieses Systems nicht ausreichend gewesen ist?

Liegt es daran, daß es die guten Wünsche der Bank sind, die, als Gesetz formuliert, ein nominelles Ergebnis hervorbringen?

Oder ist es vielleicht so, daß an erster Stelle der Maßnahmen die Organisation des Verwaltungsapparats steht und daß ohne sie kein konkretes Ergebnis erwartet werden kann?

Schon seit langer Zeit verteidigen sich die Befürworter der Eigentätigkeit mit Argumenten wie dem obengenannten: Es wird Zeit, daß sie das System in Bewegung bringen und es richtig analysieren; Auseinandersetzung über diese Themen ist immer nützlich, wenn wir aber weiterhin darin steckenbleiben, ohne praktisch vorwärts zu kommen, laufen wir Gefahr, die Unbekannten im Problem, ob Hase oder Igel, zu spät herauszufinden.

Zusammenfassend:
a) der analysierte Artikel zeigt in informativer Form, aber mit geringer theoretischer Tiefe, die Entstehung der Banken. Hieraus entstehen die irrigen Auffassungen bei den Leitern darüber, welche Rolle der Bank beim Aufbau der neuen Gesellschaft zugemessen wird.
b) Die Sätze Lenins, die von Marcelo Fernández zitiert werden, zeigen nur eine objektive Seite des Problems: die Rolle der Banken während der monopolistischen Etappe, aber damit ist keineswegs ihre Rolle in der nächsten Etappe festgeschrieben.
c) Der Verfasser vergißt, daß die monopolistischen Banken die Finanzapparate der Superstaaten sind, und gelangt deshalb nicht zur Analyse der neuen Rolle, die diesen Apparaten zufällt, wenn der Staat mit seinem eigenen Finanzapparat sie alle zusammenfaßt; er strebt an, daß die Bank weiterhin eine hegemoniale Position in der Wirtschaft, unabhängig von den sozio-ökonomischen Veränderungen, einnimmt.
d) Der Verfasser vergißt die Warnungen von Marx in bezug auf den Charakter des Kreditsystems, was ihn dazu führt, mechanistische Formulierungen über dessen Funktionen zu machen.
e) Marcelo Fernández verliert, indem er auf der Kontrolle der Investitionen besteht, den Überblick über die Funktion der monopolistischen Bank bei der Ausübung dieser Funktionen, da die eingetretenen und noch vorzunehmenden Veränderungen der Übergangsperiode verkannt werden.

f) Marcelo Fernández hat das Studium der Grundlagen des Haushaltsmäßigen Finanzierungssystems nicht genügend vertieft, daher sind seine Gedankengänge in diesem Punkt seiner Analyse wenig konsistent.

g) So erhält es den Anschein, als hege die Bank, Herrin eines eigenen Kapitals, durch das Wirken und die Gnade der göttlichen Vorsehung, ehrliche Absichten, dem Staat bei der Lösung seiner Probleme durch die korrekte Anwendung der Finanzgesetze, unter ihrer weisen Leitung, zu helfen. Unglücklicherweise gibt es nun Starrköpfe, die sich weigern, diese Vormundschaft anzuerkennen und damit die Zerrüttung der Finanzen und Inflation heraufzubeschwören, weil sie sie nicht um einen Kredit zu „vorteilhaften Bedingungen" bitten.

h) Der ganze Artikel zeigt, daß die Genossen der Nationalbank die hier dargestellten ökonomischen Begriffe in der fetischistischen Form der klassischen Ökonomie und sogar der Vulgärökonomie benutzen; und für sie treffen – mit allem Respekt und nur mit der Absicht zu zeigen, daß diese Diskussion uns zwingt, konsequent den Rat der Klassiker des Marxismus zu suchen – die Worte zu, die Marx an die Anbeter der Form richtete:

Im Kapital-Profit, oder noch besser Kapital-Zins, Boden-Grundrente, Arbeit-Arbeitslohn, in dieser ökonomischen Trinität als dem Zusammenhang der Bestandteile des Werts und des Reichtums überhaupt mit seinen Quellen ist die Mystifikation der kapitalistischen Produktionsweise, die Verdinglichung der gesellschaftlichen Verhältnisse, das unmittelbare Zusammenwachsen der stofflichen Produktionsverhältnisse mit ihrer geschichtlich-sozialen Bestimmtheit vollendet: die verzauberte, verkehrte und auf den Kopf gestellte Welt, wo Monsieur le Capital und Madame la Terre als soziale Charaktere, und zugleich unmittelbar als bloße Dinge ihren Spuk treiben. Es ist das große Verdienst der klassischen Ökonomie, diesen falschen Schein und Trug, diese Verselbständigung und Verknöcherung der verschiedenen gesellschaftli-

*chen Elemente des Reichtums gegeneinander, diese Personifizierung der Sachen und Versachlichung der Produktionsverhältnisse, diese Religion des Alltagslebens aufgelöst zu haben, indem sie den Zins auf einen Teil des Profits und die Rente auf den Überschuß über den Durchschnittsprofit reduziert, so daß beide im Mehrwert zusammenfallen; indem sie den Zirkulationsprozeß als bloße Metamorphose der Formen darstellt, und endlich im unmittelbaren Produktionsprozeß Wert und Mehrwert der Waren auf die Arbeit reduziert. Dennoch bleiben selbst die besten ihrer Wortführer, wie es vom bürgerlichen Standpunkt nicht anders möglich ist, mehr oder weniger in der von ihnen kritisch aufgelösten Welt des Scheins befangen und fallen daher alle mehr oder weniger in Inkonsequenzen, Halbheiten und ungelöste Widersprüche. Es ist dagegen andrerseits ebenso natürlich, daß die wirklichen Produktionsagenten in diesen entfremdeten und irrationellen Formen von Kapital-Zins, Boden-Rente, Arbeit-Arbeitslohn sich völlig zu Hause fühlen, denn es sind eben die Gestaltungen des Scheins, in welchem sie sich bewegen und womit sie täglich zu tun haben. Es ist daher ebenso natürlich, daß die Vulgärökonomie, die nichts als didaktische, mehr oder minder doktrinäre Übersetzung der Alltagsvorstellungen der wirklichen Produktionsagenten ist, und eine gewisse verständige Ordnung unter sich bringt, grade in dieser Trinität, worin der ganze innere Zusammenhang ausgelöscht ist, die naturgemäße und über allen Zweifel erhabene Basis ihrer seichten Wichtigtuerei findet. Diese Formel entspricht zugleich dem Interesse der herrschenden Klassen, indem sie die Naturnotwendigkeit und ewige Berechtigung ihrer Einnahmequellen proklamiert und zu einem Dogma erhebt.**

* K. Marx, Das Kapital, Berlin (DDR) 1964, Bd. III, S. 838 f.

Die Bedeutung der sozialistischen Planung
Juni 1964

In der Nr. 32 der Zeitschrift Cuba Socialista erschien ein Artikel des Compañero Charles Bettelheim unter dem Titel „Formen und Methoden der sozialistischen Planung und der Entwicklungsstand der Produktivkräfte". Dieser Artikel berührt Punkte, die zweifellos von Interesse sind, jedoch hat er darüber hinaus für uns insofern besondere Bedeutung, als er die sogenannte wirtschaftliche Rechnungsführung und die innerhalb des sozialistischen Sektors dazugehörigen Begriffe, wie das Geld in seiner Funktion als Zahlungsmittel, den Kredit, die Ware usw. verteidigen soll.

Wir sind der Auffassung, daß dieser Artikel zwei fundamentale Irrtümer enthält, die wir präzisieren wollen:

Der erste Irrtum besteht in der Interpretation der Entsprechung, die notwendigerweise zwischen Produktivkräften und Produktionsverhältnissen bestehen soll. Zu diesem Punkt zieht Compañero Bettelheim Beispiele der Klassiker des Marxismus heran.

Produktivkräfte und Produktionsverhältnisse sind zwei Mechanismen, die im allgemeinen in jedem gesellschaftlichen Entwicklungsprozeß unauflöslich miteinander verbunden sind. Wann tritt der Moment ein, in dem die Produktionsverhältnisse nicht mehr das getreue Spiegelbild der Produktivkräfte sein können? Wenn eine neue Gesellschaft aufsteigt, die die alte überholt, um sie zu zerbrechen, und er tritt ein, wenn die alte Gesellschaft auseinanderbricht und die neue, deren Produktionsverhältnisse eingeführt werden, darum kämpft, sich zu konsolidieren und den alten Überbau zu zerstören. So betrachtet, zeigt sich bei konkreter Analyse eines gegebenen historischen Zeitpunktes, daß Produktivkräfte und Produktionsverhältnisse nicht immer vollkommen miteinander übereinstimmen können. Dies ist gerade die These, die es Lenin erlaubte zu sagen, daß die

Oktoberrevolution eine sozialistische Revolution sei, dann jedoch, zu einem späteren Zeitpunkt, zu erklären, man solle den Weg zum Staatskapitalismus einschlagen, und zur Vorsicht in den Beziehungen zu den Bauern zu raten. Der Grund für Lenins Feststellung liegt gerade in seiner bedeutenden Entdeckung der Entwicklung des weltweiten Systems des Kapitalismus.

Bettelheim schreibt:

. . . der entscheidende Hebel zur Veränderung des menschlichen Verhaltens (besteht) in den Veränderungen, die in der Produktion und ihrer Organisation vorgenommen worden sind. Die Aufgabe der Erziehung liegt im wesentlichen darin, Haltungen und Verhaltensweisen, die aus der Vergangenheit ererbt sind und bis heute überleben, verschwinden zu lassen und das Erlernen neuer Verhaltensnormen, die von der Entwicklung der Produktivkräfte selbst auferlegt werden, zu sichern. *

Lenin schreibt:

Rußland hat in der Entwicklung der Produktivkräfte noch nicht die Höhe erreicht, bei welcher der Sozialismus möglich wäre. Mit diesem Leitsatz tun sich alle Helden der II. Internationale, und unter ihnen natürlich auch Suchanow, so wichtig, als wäre es der Stein der Weisen. Diesen unstrittigen Satz widerkäuen sie auf tausenderlei Weise, und es scheint ihnen, als sei er entscheidend für die Beurteilung unserer Revolution.

Wie aber, wenn die Eigentümlichkeit der Situation Rußland erstens in den imperialistischen Weltkrieg hineinstellte, in den alle einigermaßen einflußreichen westeuropäischen Länder verwickelt waren, und zweitens seine Entwicklung an der Grenze der beginnenden und teilweise bereits begonnenen

* In: Bettelheim, Charles u. a., Die Planungsdebatte in Kuba, Frankfurt a. M. 1969, S. 80

Revolution des Ostens in Verhältnisse versetzte, unter denen wir gerade jene Verbindung eines „Bauernkrieges" mit der Arbeiterbewegung verwirklichen konnten, von der, als eine der möglichen Perspektiven, ein solcher „Marxist" wie Marx im Jahre 1856 in bezug auf Preußen geschrieben hatte?
Wie aber, wenn die völlige Ausweglosigkeit der Lage, wodurch die Kräfte der Arbeiter und Bauern verzehnfacht wurden, uns die Möglichkeit eines anderen Übergangs eröffnete, um die grundlegenden Voraussetzungen der Zivilisation zu schaffen, als in allen übrigen westeuropäischen Staaten? Hat sich denn dadurch die allgemeine Linie der Weltgeschichte geändert? Hat sich denn dadurch das grundlegende Wechselverhältnis der Hauptklassen in jedem Staate geändert, der in den allgemeinen Gang der Weltgeschichte einbezogen wird und schon einbezogen worden ist?
Wenn zur Schaffung des Sozialismus ein bestimmtes Kulturniveau notwendig ist (obwohl niemand sagen kann, wie dieses bestimmte „Kulturniveau" aussieht, denn es ist in jedem westeuropäiscshen Staat verschieden), warum sollten wir also nicht damit anfangen, auf revolutionärem Wege die Voraussetzungen für dieses bestimmte Niveau zu erringen, und dann schon, auf der Grundlage der Arbeiter- und Bauernmacht und der Sowjetordnung, vorwärtsschreiten und die anderen Völker einholen. *

Mit der Expansion des Kapitalismus als Weltsystem und der Entwicklung von Ausbeutungsverhältnissen, nicht nur unter den Individuen eines Volkes, sondern auch zwischen den Völkern, ist das Weltsystem des Kapitalismus, das zum Imperialismus geworden ist, Erschütterungen ausgesetzt und kann an seinem schwächsten Glied auseinanderbrechen. Dies war das zaristische Rußland nach dem ersten Weltkrieg und dem Beginn der Revolution, in der die fünf Wirtschaftsformen nebeneinander bestanden, die Lenin seinerzeit auf-

* W. I. Lenin, Über unsere Revolution, Werke Bd. 33, Berlin (DDR) 1966, S. 464

zählte: die primitivste Form der patriarchalischen Landwirtschaft, die kleine Warenproduktion (einschließlich der Mehrheit der Bauern, die ihren Weizen verkauften), der Privatkapitalismus, der Staatskapitalismus und der Sozialismus.

Lenin wies darauf hin, daß alle diese Formen in Rußland in der Zeit unmittelbar nach der Revolution bestanden; von vorherrschender Bedeutung ist jedoch der sozialistische Charakter des Systems, obgleich die Entwicklung der Produktivkräfte in bestimmten Punkten noch nicht zur vollen Entfaltung gelangt ist. Offenbar muß bei sehr großer Rückständigkeit das richtige marxistische Vorgehen darin bestehen, so weit wie möglich den Geist der neuen Epoche, der die Abschaffung der Ausbeutung des Menschen durch den Menschen anstrebt, mit den konkreten Bedingungen jenes Landes zu vermitteln; so handelte Lenin in dem eben vom Zarismus befreiten Rußland, diese Norm wurde in der Sowjetunion angewandt.

Wir behaupten, daß diese ganze Argumentation, die für jene Zeit absolute Gültigkeit besitzt und außerordentlich scharfsinnig ist, in konkreten Situationen und in bestimmten historischen Augenblicken anwendbar ist. Nach jenen Ereignissen haben sich Dinge von solcher Tragweite ereignet wie die Errichtung des ganzen Weltsystems des Sozialismus mit etwa einer Milliarde Menschen, also einem Drittel der Weltbevölkerung. Der stetige Vormarsch des gesamten sozialistischen Systems beeinflußt das Bewußtsein der Menschen auf allen Ebenen, und daher wurde in Kuba an einem bestimmten Punkt seiner Geschichte die sozialistische Revolution verkündet; dieser Erklärung ging keineswegs die Tatsache voraus, daß die ökonomischen Voraussetzungen für eine derartige Feststellung bereits gegeben waren.

Wie kann sich in einem vom Imperialismus kolonisierten Land, dem jegliche Ansätze einer Grundstoffindustrie fehlen, das mit seiner Monokultur von einem einzigen Markt abhängig ist, der Übergang zum Sozialismus vollziehen?

Folgende Behauptungen können aufgestellt werden:

Man könnte, wie die Theoretiker der II. Internationale, erklären, Kuba habe sämtliche Gesetze der Dialektik, des historischen Materialismus und des Marxismus gebrochen und sei folglich kein sozialistisches Land, oder es müsse zu seinem früheren Zustand zurückkehren. Man kann realistischer sein und aufgrund dessen in den kubanischen Produktionsverhältnissen nach den inneren Triebkräften forschen, die zum Ausbruch dieser Revolution führten. Aber natürlich würde sich dabei erweisen, daß es in Amerika und anderen Teilen der Welt viele Länder gibt, in denen die Revolution weit eher durchführbar wäre, als dies in Kuba der Fall war.

Es gibt noch eine dritte, unserer Meinung nach richtige Erklärung. Danach kann es geschehen, daß im großen Rahmen des Systems des Weltkapitalismus, der im Kampf mit dem Sozialismus steht, eines seiner schwächsten Glieder, in diesem konkreten Fall Kuba, zerbrechen kann. Durch Ausnutzung außergewöhnlicher historischer Umstände und unter der sicheren Führung der Avantgarde ergriffen die revolutionären Kräfte in einem gegebenen Augenblick die Macht, übersprangen, gestützt auf die Tatsache, daß bereits die ausreichenden objektiven Bedingungen für die Vergesellschaftung der Arbeit gegeben waren, einige Etappen, erklärten den sozialistischen Charakter der Revolution und leiteten den Aufbau des Sozialismus ein. Dies ist die dynamische und dialektische Form, in der wir das Problem der notwendigen Beziehung zwischen den Produktionsverhältnissen und der Entwicklung der Produktivkräfte sehen und analysieren. Nachdem die Tatsache der kubanischen Revolution geschaffen war, der man bei der Analyse nicht entgehen kann und die man in der Untersuchung unserer Geschichte nicht übergehen kann, kamen wir zu dem Schluß, daß in Kuba eine sozialistische Revolution gemacht wurde und daß daher die Voraussetzungen dafür gegeben waren. Denn eine Revolution durchzuführen, ohne daß die entsprechenden Bedingungen bestünden, dann an die Macht zu kommen und mit Hilfe von Zauberkünsten den Sozialismus auszurufen, das ist etwas, das in keiner Theorie vorgesehen ist, und ich glaube auch nicht, daß Compañero Bettelheim dies vertreten würde.

Wenn also die Geburt des Sozialismus unter diesen neuen Bedingungen konkret stattfindet, dann deshalb, weil die Entwicklung der Produktivkräfte mit den Produktionsverhältnissen eher zusammengeprallt ist, als dies nach rationalen Überlegungen für ein isoliertes kapitalistisches Land zu erwarten war. Was geschieht? Die Avantgarde der revolutionären Bewegungen, immer mehr von der marxistisch-leninistischen Ideologie beeinflußt, war fähig, klar eine ganze Reihe von erforderlichen Schritten vorauszusehen und den Lauf der Ereignisse zu forcieren, dies jedoch im Rahmen des objektiv Möglichen. Diesen Punkt betonen wir besonders, denn hier liegt einer der fundamentalen Fehler in Bettelheims Argumentation.

Wenn wir von der konkreten Tatsache ausgehen, daß eine Revolution nur möglich ist, wenn fundamentale Widersprüche zwischen der Entwicklung der Produktivkräfte und der Produktionsverhältnisse bestehen, müssen wir zugeben, daß in Kuba dies erfolgt war, und wir müssen auch zugeben, daß diese Tatsache der kubanischen Revolution sozialistischen Charakter verleiht, auch wenn eine objektive Analyse zeigt, daß es noch eine Reihe innerer Kräfte gibt, die sich in embryonalem Zustand befinden und noch nicht voll entfaltet haben. Wenn jedoch unter diesen Bedingungen die Revolution entsteht und siegt, wie kann man sich dann des Arguments von der notwendigen und unbedingten, hier aber mechanisch und starr verstandenen Übereinstimmung zwischen Produktivkräften und Produktionsverhältnissen bedienen, um z. B. die sogenannte wirtschaftliche Rechnungsführung zu verteidigen und das bei uns praktizierte System der konsolidierten Unternehmen anzugreifen? Die Unternehmensform der konsolidierten Unternehmen als eine Verirrung zu bezeichnen, heißt ungefähr soviel, wie die kubanische Revolution als eine Verirrung zu bezeichnen. Es handelt sich um gleichartige Begriffe, und sie könnten sich auf die gleiche Analyse stützen. Compañero Bettelheim hat nie gesagt, die kubanische Sozialistische Revolution sei nicht authentisch. Jedoch sagt er, daß unsere gegenwärtigen Produktionsverhältnisse nicht der Entwicklung der Produktivkräfte entsprechen, und prophezeit deshalb schwere Fehlschläge.

Compañero Bettelheims Irrtum beruht auf seiner Trennung des dialektischen Denkens in diese zwei Kategorien, die zwar dieselbe Tendenz haben, aber verschiedenen Größenordnungen angehören. Die konsolidierten Unternehmen sind entstanden, haben sich entwickelt und entwickeln sich weiterhin, weil es ihnen möglich ist; das ist eine Binsenweisheit der Praxis. Ob die Verwaltungsmethode dabei die geeignetste ist oder nicht, hat letztlich geringe Bedeutung, denn die Unterschiede zwischen einer Methode und der anderen sind im wesentlichen quantitativ. Die in unser System gesetzte Hoffnungen richten sich auf die Zukunft, auf eine beschleunigte Entwicklung des Bewußtseins und, durch das Bewußtsein, auf eine beschleunigte Entwicklung der Produktivkräfte.

Compañero Bettelheim bestreitet diese besondere Wirkung des Bewußtseins, gestützt auf Marx' Argument, daß das Bewußtsein ein Produkt der gesellschaftlichen Umgebung sei, nicht umgekehrt; und wir ziehen die marxistische Analyse heran, um mit ihr gegen Bettelheim zu kämpfen, indem wir ihm entgegenhalten, daß dieses Argument völlig richtig ist, daß allerdings in der gegenwärtigen Epoche des Imperialismus auch das Bewußtsein weltweite Merkmale annimmt. Und daß dieses Bewußtsein heute das Produkt der Entwicklung aller Produktivkräfte in der Welt und das Produkt der Lehre und Erziehung durch die Sowjetunion und die anderen sozialistischen Länder auf die Massen der ganzen Welt ist. Demzufolge muß in Betracht gezogen werden, daß das Bewußtsein der Menschen der Avantgarde eines bestimmten Landes – gestützt auf die allgemeine Entwicklung der Produktivkräfte – die geeigneten Wege ausfindig machen muß, obwohl im jeweiligen Land die objektiven

Widersprüche zwischen der Entwicklung der Produktivkräfte und den Produktionsverhältnissen nicht bestehen mögen, die eine Revolution unvermeidlich oder möglich machen würden (wenn man das Land in der Analyse als geschlossene und isolierte Einheit betrachtet).

Soviel zu diesem Argument. Der zweite schwere Fehler Bettelheims liegt darin, daß er darauf beharrt, der juristischen Struktur die Möglichkeit der eigenständigen Existenz zu geben. In seiner Analyse besteht er auf die Notwendigkeit, bei der juristischen Festsetzung des Eigentums die Produktionsverhältnisse zu berücksichtigen. Die Vorstellung, daß das juristische Eigentum, oder, besser gesagt, der Überbau eines gegebenen Staates zu einem gegebenen Zeitpunkt, gegen die Realitäten der Produktionsverhältnisse durchgesetzt worden sei, heißt jedoch, eben den Determinismus zu negieren, von dem er ausging, um zu erklären, das Bewußtsein sei ein gesellschaftliches Produkt.

Natürlich gibt es in all diesen Prozessen, die historische und nicht physikalisch-chemische Prozesse sind, die sich nicht in Tausendsteln von Sekunden vollziehen, sondern sich über den langen Zeitraum der Geschichte der Menschheit hinziehen, eine ganze Reihe von Aspekten in den juristischen Beziehungen, die nicht den zu diesem Zeitpunkt in einem gegebenen Land vorherrschenden Produktionsverhältnissen entsprechen. Das heißt nichts anderes, als daß sie mit der Zeit beseitigt werden, wenn die neuen Produktionsverhältnisse sich gegenüber den alten durchsetzen, aber nicht umgekehrt, daß es möglich sei, den Überbau zu ändern, ohne zuvor die Produktionsverhältnisse zu ändern.

Compañero Bettelheim besteht wiederholt darauf, daß die Produktionsverhältnisse vom Entwicklungsstand der Produktivkräfte bestimmt würden und daß das Eigentum an den Produktionsmitteln der juristische und abstrakte Ausdruck bestimmter Produktionsverhältnisse sei, wobei er die grundlegende Tatsache übersieht, daß dieser Entwicklungsstand vollkommen einer allgemeinen Situation entspricht (sei dies nun im Weltmaßstab oder im jeweiligen

Lande); man kann aber nicht, wie er es versucht, eine mikroskopische Mechanik zwischen dem Entwicklungsniveau der Produktivkräfte in jeder Situation und den jeweiligen juristischen Eigentumsbeziehungen herstellen.

Er greift die Ökonomen an, die im Volkseigentum an den Produktionsmitteln einen Ausdruck des Sozialismus sehen, und stellt fest, daß solche juristischen Verhältnisse für nichts eine Grundlage bieten. In gewisser Hinsicht könnte er recht haben, nämlich im Hinblick auf das Wort Grundlage, aber das Wesentliche ist doch, daß zu einem gegebenen Zeitpunkt die Produktionsverhältnisse mit der Entwicklung der Produktivkräfte zusammenstoßen und daß dieser Zusammenstoß nicht mechanisch durch eine Anhäufung ökonomischer Kräfte bedingt ist, sondern ein quantitatives und qualitatives Ergebnis ist; die Anhäufung zusammenfließender Kräfte – vom Standpunkt der wirtschaftlichen Entwicklung; die Überflutung einer gesellschaftlichen Klasse durch die andere – vom politischen und historischen Standpunkt. Das heißt, daß eine wirtschaftliche Analyse nie von der historischen Tatsache des Klassenkampfes gelöst werden kann (bis die vollkommene Gesellschaft erreicht ist). Aus diesem Grunde hat für den Menschen, den lebendigen Ausdruck des Klassenkampfes, die rechtliche Grundlage, die den Überbau der Gesellschaft, in der er lebt, darstellt, konkrete Kennzeichen und drückt eine greifbare Realität aus. Die Produktionsverhältnisse, die Entwicklung der Produktivkräfte, sind ökonomisch-technologische Phänomene, die im Lauf der Geschichte angehäuft werden. Das gesellschaftliche Eigentum ist ein greifbarer Ausdruck dieser Verhältnisse, so wie die konkrete Ware Ausdruck der Beziehungen zwischen Menschen ist. Die Ware existiert, weil es eine Warengesellschaft gibt, in der sich eine auf der Grundlage des Privateigentums beruhende Arbeitsteilung entwickelt hat. Der Sozialismus existiert, weil es eine Gesellschaft neuen Typs gibt, in der die Expropriateure expropriiert worden sind und das gesellschaftliche Eigentum an die Stelle des früheren Privateigentums der Kapitalisten getreten ist.

Dies ist der allgemeine Verlauf, den die Übergangsphase nehmen muß. Die im einzelnen dargestellten Beziehungen zwischen dieser und jener Gesellschaftsschicht sind nur für bestimmte konkrete Analysen von Interesse; aber die theoretische Analyse muß den großen Rahmen erfassen, der die neuen Beziehungen zwischen den Menschen umgibt, die Gesellschaft im Übergang zum Sozialismus.

Ausgehend von diesen zwei fundamentalen Irrtümern in seiner Auffassung verteidigt Compañero Bettelheim die unbedingte, exakte Identität zwischen der Entwicklung der Produktivkräfte zu jedem gegebenen Zeitpunkt und in jeder gegebenen Region und den Produktionsverhältnissen und überträgt gleichzeitig diese Beziehungen auf die Tatsache des juristischen Ausdrucks.

Was ist das Ziel? Sehen wir, was Bettelheim dazu sagt:

Unter diesen Umständen stößt die Argumentation, die ausschließlich von dem allgemeinen Begriff des „Staatseigentums" ausgeht, um die verschiedenen höheren Formen des sozialistischen Eigentums zu bezeichnen, und die vorgibt, diese auf eine einzige Realität zu reduzieren, auf unüberwindliche Schwierigkeiten, besonders wenn es sich darum handelt, die Warenzirkulation innerhalb des sozialistischen Sektors des Staates, den sozialistischen Handel, die Rolle des Geldes usw. zu analysieren.

Und danach, als er den Unterschied untersucht, den Stalin zwischen zwei Formen des Eigentums macht, erklärt er:

Dieser juristische Ausgangspunkt und die davon abgeleiteten Analysen führen dazu, den gegenwärtig noch notwendigerweise warenmäßigen Charakter des Austausches zwischen sozialistischen Staatsunternehmen zu bestreiten und auf theoretischer Ebene die Natur der zwischen Staatsunternehmen getätigten Käufe und Verkäufe, die Natur des Geldes, der Preise, der wirtschaftlichen Rechnungsführung, der finanziellen Autonomie usw. unverständlich zu machen. Diese Kate-

gorien sind so also ohne jeden realen gesellschaftlichen Inhalt. Sie erscheinen als abstrakte Formen oder als mehr oder weniger willkürliche technische Verfahrensweisen und nicht als Ausdruck jener objektiven ökonomischen Gesetze, deren Notwendigkeit Stalin andrerseits selbst betont hat.

Für uns ist der Artikel des Compañero Bettelheim, obgleich er offen Partei gegen die von uns verschiedentlich dargelegten Ideen ergreift, insofern von unzweifelhafter Bedeutung, als er aus der Feder eines Ökonomen von profundem Fachwissen und eines marxistischen Theoretikers stammt. Er geht von einer realen Situation aus, um die unserer Auffassung nach nicht gut durchdachte Überlegung zu verteidigen, daß man in der Übergangsphase dem Kapitalismus eigentümliche Kategorien des Kapitalismus benutzen und innerhalb des sozialistischen Sektors Raum für individuelles Eigentum lassen müsse. Dabei legt er dar, daß die detaillierte Analyse der Produktionsverhältnisse und des gesellschaftlichen Eigentums nach marxistischer Auffassung – die wir orthodox nennen könnten – unvereinbar mit der Beibehaltung dieser Kategorien ist, und er deutet an, daß hier etwas unverständlich bleibt.

Wir behaupten genau dasselbe, nur ziehen wir einen anderen Schluß daraus: Wir glauben, daß die Inkonsequenz der Verteidiger der wirtschaftlichen Rechnungsführung darauf beruht, daß sie bei der Anwendung der Methode der marxistischen Analyse an einem bestimmten Punkt einen Sprung tun müssen (wobei sie das „verlorene Glied" in der Mitte auslassen), um auf eine neue Position zu verfallen, von der aus sie ihre Gedankenlinie fortsetzen können. Konkret haben die Verteidiger der wirtschaftlichen Rechnungsführung nie genau erklärt, wie sich der Begriff der Ware im Staatssektor in seinem Wesen behauptet oder wie man im sozialistischen Sektor bei verzerrten Märkten das Wertgesetz „vernünftig" anwendet.

Nach Feststellung dieser Inkonsequenz nimmt Compañero Bettelheim die Fäden wieder auf und beginnt mit der

Analyse dort, wo sie enden sollte – bei den gegenwärtigen Rechtsverhältnissen in den sozialistischen Ländern und den dort fortbestehenden Kategorien –, stellt die reale und sichere Tatsache fest, daß diese juristischen Kategorien und diese Warenkategorien bestehen, und schließt pragmatisch daraus, daß sie, weil sie existieren, auch notwendig sind; sodann, von dieser Grundlage ausgehend, geht er analytisch rückwärts, bis er an den Punkt gelangt, wo Theorie und Praxis aufeinanderprallen. An diesem Punkt bringt er eine neue Interpretation der Theorie, unterwirft Marx und Lenin der Analyse und kommt, auf der Grundlage jener irrigen Annahmen, die wir aufgezeigt haben, zu einer Interpretation, die es ihm gestattet, in seinem Artikel vom Anfang bis zum Ende einen konsequenten Prozeß darzustellen.

Hier vergißt er jedoch, daß die Übergangsphase historisch gesehen jung ist. In dem Moment, da der Mensch die wirtschaftlichen Zusammenhänge voll erfaßt und sie mit Hilfe des Plans beherrscht, ist er unvermeidlich Fehleinschätzungen ausgesetzt. Warum annehmen, daß das, was in der Übergangsphase „ist“, notwendigerweise „sein muß“? Warum die Schläge, die die Realität gewissen kühnen Unternehmen versetzt, mit der Rechtfertigung begründen, sie seien ausschließlich auf den Wagemut und nicht auch, zum Teil oder gänzlich, auf technisches Versagen der Verwaltung zurückzuführen?

Uns scheint, daß man der sozialistischen Planung mit allen technischen Unzulänglichkeiten, die sie haben mag, eine zu geringe Bedeutung beimißt, wenn man wie Bettelheim behauptet:

Daraus ergibt sich die Unmöglichkeit, auf eine zufriedenstellende, d. h. wirksame Weise zu einer a priori *umfassenden Aufteilung der Produktionsmittel und der Produkte im allgemeinen überzugehen, und die Notwendigkeit des* sozialistischen Handelns *und staatlicher Handelsorganisationen. Daher auch die Rolle des Geldes sogar innerhalb des sozialistischen Sektors, die Rolle des Wertgesetzes und eines Preissy-*

stems, das nicht nur die *gesellschaftlichen Kosten der verschiedenen Produkte widerspiegeln kann, sondern das* auch *die Beziehungen zwischen Angebot und Nachfrage dieser Produkte ausdrücken, und das nötigenfalls das Gleichgewicht zwischen diesem Angebot und dieser Nachfrage sichern soll, sofern der Plan nicht imstande gewesen ist, dies* a priori *zu sichern, und wenn die Anwendung von administrativen Maßnahmen zur Erreichung dieses Gleichgewichts die Entwicklung der Produktivkräfte beeinträchtigen würde.**

Unsere Schwächen (in Kuba) in Betracht ziehend, haben wir jedoch unseren Versuch einer grundsätzlichen Definition vorgelegt:

Wir bestreiten die Möglichkeit der bewußten Anwendung des Wertgesetzes, gestützt auf die Nichtexistenz eines freien Marktes, der automatisch den Widerspruch zwischen Produzenten und Konsumenten ausdrückt; wir bestreiten die Existenz der Kategorie der Ware *in der Beziehung zwischen staatlichen Unternehmen, und wir betrachten alle Betriebe als Teil des einzigen großen Unternehmens, welches der Staat ist (obwohl dies in der Praxis in unserem Land noch gar nicht der Fall ist). Das Wertgesetz und der Plan sind zwei Begriffe, die durch einen Widerspruch und seine Lösung verbunden sind; wir können also sagen, daß die zentralisierte Planung das Wesen der sozialistischen Gesellschaft, die sie definierende Kategorie und der Punkt ist, an dem das Bewußtsein des Menschen es endlich erreicht, die Wirtschaft in die Hand zu nehmen und auf ihr Ziel, die völlige Befreiung des Menschen im Rahmen der kommunistischen Gesellschaft, zu lenken.***

Die Produktionseinheit (das ökonomische Subjekt für Bettelheim) vom physischen Stand der Integration abhängig

* Bettelheim, a. a. O., S. 103
** Über das Haushaltsmäßige Finanzierungssystem, in diesem Buch, S. 60 ff.

machen, hieße den Formalismus zum äußersten Extrem treiben und uns die Möglichkeit bestreiten, das zu tun, was die nordamerikanischen Monopole technisch schon in vielen Zweigen der kubanischen Wirtschaft getan hatten. Es hieße, unseren Kräften und Fähigkeiten zu sehr mißtrauen.

Was also als Produktionseinheit (die ein wirkliches ökonomisches Subjekt ist) bezeichnet werden kann, ändert sich offenbar je nach dem Entwicklungsniveau der Produktivkräfte. In bestimmten Produktionszweigen, in denen die Integration der Betriebstätigkeiten schon ausreichend vorangetrieben ist, kann dieser Zweig insgesamt eine Produktionseinheit bilden. Als Beispiel kann die Elektroindustrie gelten, die auf der Grundlage gegenseitiger Verflechtung die einheitlich zentralisierte Leitung des gesamten Zweiges ermöglicht.

Die pragmatische Entwicklung unseres Systems führte uns an gewisse, schon untersuchte Probleme heran, und wir bemühen uns, sie in möglichst konsequenter Weise – in dem Maße, wie es unsere Kenntnisse erlauben – nach Marx' und Lenins großen Ideen zu lösen. Dies führte uns dazu, die Lösung des Widerspruchs zu suchen, der sich in der marxistischen politischen Ökonomie der Übergangsphase findet. In dem Bemühen um die Überwindung dieser Widersprüche, die nur vorübergehende Hemmnisse für die Entwicklung des Sozialismus sein können, da die sozialistische Gesellschaft in der Tat existiert, untersuchen wir die für Praxis und Theorie geeignetsten Vorgehensweisen, die uns ermöglichen sollten, durch die Entwicklung des Bewußtsein und der Produktion die neue Gesellschaft maximal voranzutreiben; dies ist das Kapitel, mit dem wir heute beschäftigt sind.

Abschließend stellen wir fest:

1. Wir sind der Auffassung, daß Bettelheim in der Methode seiner Analyse zwei grobe Fehler begeht:

a) indem er mechanisch den nach ihm allgemeingültigen Begriff einer notwendigen Beziehung zwischen den Produk-

tionsverhältnissen und der Entwicklung der Produktivkräfte auf den „Mikrokosmos“ der Produktionsverhältnisse in den konkreten Aspekten eines bestimmten Landes während der Übergangsperiode überträgt und so apologetische, vom Pragmatismus bestimmte Schlußfolgerungen über die sogenannte wirtschaftliche Rechnungsführung zieht;
b) indem er dieselbe mechanische Analyse beim Begriff des Eigentums durchführt.
2. Aus diesen Gründen stimmen wir nicht mit seiner Auffassung überein, daß die finanzielle Selbstverwaltung oder die Autonomie im Rechnungswesen „verbunden sind mit einem bestimmten Entwicklungsstand der Produktivkräfte“, wie es sich aufgrund seiner Methode der Analyse ergibt.
3. Wir bestreiten seine Auffassung von der zentralisierten Leitung auf der Grundlage der physischen Zentralisierung der Produktion (als Beispiel nennt er ein Stromverbundnetz) und wenden sie auf eine Zentralisierung der wesentlichen ökonomischen Entscheidungen an.
4. Wir halten seine Begründung für die unbedingte, uneingeschränkte Gültigkeit des Wertgesetzes und anderer Warenkategorien für die Übergangsphase nicht für stichhaltig, obgleich wir nicht die Möglichkeit bestreiten, gewisse Elemente dieses Gesetzes zu Vergleichszwecken zu verwenden (Kosten, Rentabilität in Rechengeld ausgedrückt).
5. Für uns „ist die zentrale Planung das Wesen der sozialistischen Gesellschaft“ usw., und daher erkennen wir ihr weit mehr bewußte Entscheidungsmacht zu als Bettelheim.
6. Wir sind der Auffassung, daß es von großer theoretischer Bedeutung ist, die fehlende Übereinstimmung zwischen der klassischen Methode der marxistischen Analyse und dem Fortbestehen der Warenkategorien im sozialistischen Sektor zu untersuchen, ein Aspekt, der noch gründlicher untersucht werden sollte.
7. Den Verteidigern der wirtschaftlichen Rechnungsführung könnte man im Zusammenhang mit diesem Artikel zurufen: „Vor unseren Freunden schütze uns Gott, vor unseren Feinden schütze ich mich selbst.“

Wirtschaft und Außenhandel in der heutigen Welt

Dezember 1964

Für einen revolutionären Politiker ist es sehr schwierig, für eine Zeitschrift dieser Art zu schreiben, um die Standpunkte zu verteidigen, die sein Verhalten geleitet haben und um kühl die Gründe für die heutige Weltlage zu analysieren, die auch unsere eigene Situation prägen, ohne dabei in schockierende Behauptungen zu verfallen angesichts der uns trennenden, diametral entgegengesetzten Meinungen. Ich werde es versuchen. Auf jeden Fall bitte ich im voraus um Entschuldigung, wenn ich es nicht verstehe, mich adäquat auszudrücken.

Der Pariser Frieden 1898 und das Platt-Amendment 1901 sind die Geburtszeichen der neuen Republik. Im ersten Fall rechnen zwei Regierungen nach einem Krieg ab, und Spanien zieht sich aus Kuba zurück, um dort einer nordamerikanischen Intervention Platz zu machen; die Kubaner beobachten von der Insel aus, auf der jahrelang ein blutiger Krieg geführt wurde, die Verhandlungen, ohne an ihnen teilnehmen zu können. Im zweiten Fall schreiben die USA fest, daß sie das Recht zur Intervention in Kuba haben, wann immer ihre Interessen es verlangen.

Im Mai 1902 wird formal die politisch-militärische Unterdrückung beendet, aber die Macht des Monopols bleibt bestehen. Kuba ist eine wirtschaftliche Kolonie der USA, und das wird in den darauffolgenden fünfzig Jahren der charakteristische Grundzug bleiben.

In einem zugrundegerichteten Land fanden die Imperialisten ein interessantes Phänomen vor: eine Zuckerindustrie in voller kapitalistischer Blüte.

Auch wenn Zuckerrohr in Kuba seit Beginn des 16. Jahrhunderts bekannt ist, wurde es doch wenige Jahre nach der

Entdeckung Amerikas dort eingeführt, so hat das Sklavenregime seinen Anbau nur auf ein wenig höherem Niveau als dem der Subsistenz betrieben. Die „Ingenios“, die Zuckermühlen, wurden zu Fabriken durch technologische Innovationen, durch die Einführung der Eisenbahn und durch die Abschaffung der Sklaverei, und nun begann ein intensives Wachstum der Zuckerproduktion, das unter der Regie der Yankees schwindelerregende Dimensionen annahm.

Die günstigen Naturbedingungen für den Anbau von Zuckerrohr sind offensichtlich, und zu diesem Faktoren gesellte sich der bestimmende Faktor, daß Kuba als Zuckerproduzent für die USA entwickelt wurde.

Die nordamerikanischen Banken und Kapitalisten kontrollierten sehr schnell die Kommerzialisierung dieses Produktes; sie beherrschten darüber hinaus einen beachtlichen Teil der industriellen Produktion sowie des dazu notwendigen Bodens. Damit etablierten sie eine monopolistische Herrschaft über alle Bereiche der Zuckerproduktion. Durch die Kennzeichen einer Monokultur, die sich in Kuba sehr schnell etablierte, wurde der Zucker rasch zum dominierenden Faktor des kubanischen Außenhandels.

Hinzu kommt ein weiterer Faktor, der Kuba in jener Epoche kennzeichnete: Kuba ist in herausragender Weise ein Land, das Zucker produziert und exportiert. Wenn es sich in diesem Sinne nicht weiterentwickelte, dann war dies auf die kapitalistischen Widersprüche zurückzuführen, die einer kontinuierlichen Expansion der kubanischen Zuckerproduktion Grenzen setzten, und zwar in dem Maße, wie die Zuckerproduktion von nordamerikanischem Kapital abhängig war.

Die nordamerikanische Regierung setzte das von den einheimischen Produzenten geforderte Quotensystem ein, nicht nur zum Schutz der eigenen Zuckerproduzenten, sondern auch als ein System, mit dem das Eindringen der nordamerikanischen Produzenten in unserem Land unbedingt gefördert wurde. Die Vorzugsverträge zu Beginn dieses Jahrhunderts gewährten den nordamerikanischen Produzenten einen Steuervorzug in Höhe von 20% gegenüber den meistbegünstigten Nationen, und zwar gegenüber allen anderen Nationen, mit denen Kuba Handelsverträge abschloß. Unter den so beschriebenen Wettbewerbsbedingungen und unter Berücksichtigung der Tatsache, daß die geographische Nähe den US-Produkten einen Vorteil zuwies, war es jedem ausländischen Anbieter praktisch unmöglich, mit den Produkten aus den USA zu konkurrieren.

Das Quotensystem führte zu einer Stagnation in der Zukkerproduktion, so daß in den letzten Jahren die mögliche Produktionsleistung nur selten vollständig genutzt wurde. Dieses System beinhaltete eine Begünstigung des kubanischen Zuckers, so daß der Anbau anderer Produkte aus Gründen ökonomischer Effektivität nicht mit dem Zucker konkurrieren konnte. So kam es zur Ausrichtung der kubanischen Landwirtschaft auf zwei Hauptbereiche, nämlich auf den bereits dargestellten Zuckerbereich und auf die extensive Viehhaltung (und zwar von Rindern geringerer Qualität auf Naturweiden, die gleichzeitig als Reserveland für die Zuckerproduktion dienten).

Auf der Insel breitete sich endemisch Arbeitslosigkeit aus; dadurch erklären sich die Landflucht und die Veränderung der demographischen Zusammensetzung der Bevölkerung, weil die Menschen vom Lande den Schutz der Städte suchten. Aber die Industrie entwickelte sich auch nicht. Lediglich einige Unternehmen im Dienstleistungsbereich (Transport und Kommunikation) sowie Erzeuger von elektrischer Energie prosperierten, und diese Unternehmen wurden von den Yankees beherrscht.

Das Fehlen von Industrieunternehmen sowie die hohe wirtschaftliche Effektivität des Zuckers bestimmten die Entwicklung des Außenhandels, der sehr umfassend war und alle Merkmale eines kolonialen Handels aufwies: Primäre Produkte wurden in die Metropole geliefert, Fertigprodukte von der Metropole an die Kolonie. Die spanische Kolonialmacht war in gleicher Weise vorgegangen, jedoch längst nicht so geschickt.

Die anderen exportierbaren Güter wiesen die gleichen Merkmale wie der Zucker auf, wenngleich das Volumen aller dieser Exporte 20% nicht erreichte: Tabak, insbesondere unverarbeitet; gelegentlich Kaffee (geringe Produktion); unverarbeitetes Kupfer und Mangan; zu einem späteren Zeitpunkt halbverarbeitete Nickelerze.

Dies war das Panorama der kubanischen Wirtschaft: ein Land mit einer Monokultur (des Zuckers), mit einem beherrschenden Export- und Importmarkt (den USA) und einer großen Abhängigkeit des gesamten Wirtschaftslebens vom Außenhandel.

Die Importbourgeoisie entwickelte sich unter diesen Rahmenbedingungen und bildete eines der größten Hindernisse bei der Industrialisierung des Landes. Nur in späteren Jahren verbündete sich eben diese Bourgeoisie mit den nordamerikanischen Produktionsinteressen; sie baute Industrieanlagen auf, die Anlagen, Rohstoffe und Technologie aus den USA und billige einheimische Arbeitskräfte einsetzte. Die Profite kehrten in die Heimat der Monopole zurück, einmal zu den Muttergesellschaften, zum anderen zu den nordamerikanischen Banken, wo die kubanischen Unternehmer ihre Gewinne am sichersten wähnten.

Diese ungleichmäßige (und verzerrte Entwicklung führte einerseits zu großer Arbeitslosigkeit und demzufolge auch zu beträchtlicher Armut, aber auch zur Herausbildung von großer parasitären Schichten). Sie führte zur Spaltung der Arbeiterklasse durch Herausbildung einer Arbeiteraristokratie, die gebildet wurde durch die Arbeiter der imperialistischen Unternehmen, deren Einkommen wesentlich höher lagen als die der Beschäftigten bei den kleinen nationalen Kapitalisten und unendlich höher als die Einkommen der Unterbeschäftigten oder Arbeitslosen.

Der „american way of life“ wurde in unserer Gesellschaft eingeführt, die sich dem Einfluß der Monopole nicht entziehen konnte. Die Einfuhr von Luxusgütern machte einen großen Teil unserer Importe aus, während der Zuckerhandel stagnierte und damit auch die Erwirtschaftung der kostbaren Devisen. Unsere Handelsbilanz wurde von Jahr zu Jahr defizitärer und verschlang so die aus der Zeit des zweiten Weltkrieges stammenden Reserven.

Mit Ausnahme der Jahre 1950 und 1957, als die Zuckerpreise angesichts der Kriegshandlungen in Korea und im Nahen Osten zeitweilig gestiegen waren, wies die Handelsbilanz seit 1948 nur Defizite auf. (Wahrscheinlich ein trauriges Schicksal: Nur der Krieg sicherte dem kubanischen Volk einen relativen Wohlstand.)

Die Höhe der Exporterlöse stagnierte, und die Tendenz der Handelsbilanz war rückläufig; so mußte der Lebensstandard des kubanischen Volkes notwendigerweise zurückgehen, in realen Dimensionen, wenn nicht interne kompensatorische Maßnahmen ergriffen wurden – und sie wurden „ergriffen". Sie bestanden hauptsächlich in der Steigerung des Etats für öffentliche Bauten und in der Einrichtung von staatlichen Kreditinstituten, mit denen die privaten Industrieinvestitionen gefördert wurden.

Niemals zuvor waren so offen die von den Keynesianern empfohlenen Stabilisierungsinstrumente angewendet worden, um die Veruntreuung der öffentlichen Mittel durch Politiker und die betrügerische Bereicherung der den Politikern verbundenen Kapitalisten zu vertuschen. Die nationale Verschuldung stieg beträchtlich. Es wurden luxuriöse Landstraßen und Autobahnen, Tunnels, riesige Hotels in Havanna und den anderen Städten gebaut, ohne daß allen diesen Bauten eine reale wirtschaftliche Bedeutung zugekommen wäre oder daß man unserem unterentwickelten Land eine Perspektive aufgezeigt hätte.

Es wurden Industrieanlagen errichtet, die in zwei Kategorien eingestuft werden können: zum einen Fabriken mit relativ hoch entwickelter Technologie, die sich im Besitz der nordamerikanischen Unternehmen befanden und die sich der Kredite eines armen und wirtschaftlich schwach entwickelten Landes bedient hatten, um ihre auswärtigen Aktivitäten zu finanzieren; zum anderen Fabriken mit obsoleter und unwirtschaftlicher Technologie, die von Anfang an auf

Subventionen und staatliche Hilfe angewiesen waren. Die letztere Gruppe diente der Bereicherung der staatlichen Machthaber, die über die enormen Mittel verfügten, die für den Erwerb dieser Produktionsmittel vorgesehen waren.

1958 bestand die kubanische Bevölkerung aus 6,5 Millionen Personen mit einem Pro-Kopf-Einkommen von 350 Pesos, berechnet auf der Grundlage des nach kapitalistischen Verfahren ermittelten Nationaleinkommens; die Zahl der Arbeitsfähigen betrug ein Drittel der Bevölkerung, und davon war praktisch ein Viertel arbeitslos.

Während ein großer Teil des anbaufähigen Bodens brachlag und in der Landbevölkerung Arbeitslosigkeit herrschte, betrugen die Importe von Lebensmitteln und Textilien pflanzlichen Ursprungs im Durchschnitt 28% der gesamten Einfuhren. In Kuba wurden pro Kopf der Bevölkerung lediglich 0,75 Stück Vieh gehalten, womit das Land unter dem Durchschnitt der großen viehhaltenden Nationen lag. Die extensive Nutzung gestattete lediglich eine wenig effiziente Nutzung des möglichen Viehreichtums und zwang das Land zu Importen einiger sekundärer Tierprodukte.

Der Anteil der Einfuhren am Nationaleinkommen betrug 1948 32% und war zehn Jahre später auf 35% gestiegen. Die Exporte erbrachten 90% der Deviseneinkommen des Landes. Andererseits wurden 9% der Deviseneinkommen des Landes dazu benutzt, die deklarierten Gewinne ausländischer Unternehmen in die jeweiligen Länder zurückzuführen.

Angesichts der Veränderung der „terms of trade" und der Transferierung von Gewinnen ins Ausland wies die kubanische Außenhandelsbilanz in den neun Jahren von 1950 bis 1958 ein Defizit in Höhe von 600 Millionen Pesos auf, so daß sich die Reserven in Devisen auf 70 Millionen Pesos verringert hatten. Diese Reserven entsprachen 10% der durchschnittlichen Einfuhren der letzten drei Jahre.

Dann kam die Revolution an die Macht. Die beiden größten Probleme, mit denen sich die kubanische Revolution in ihren ersten Monaten konfrontiert sah, waren Arbeitslosigkeit und Devisenmangel. Die Arbeitslosigkeit war das bedeutendste politische Problem, aber auch der Mangel an Devisen war sehr gefährlich angesichts der großen Abhängigkeit Kubas vom Außenhandel.

Man kann sagen, daß diese beiden Probleme die Wirtschaftspolitik der revolutionären Regierung bestimmten. Deshalb ist es sinnvoll, diese beiden Aspekte zu analysieren, um die Erfolge und Fehler bei den in jenen Monaten entwickelten Aktivitäten zu bestimmen.

Die Agrarreform bedeutete einen so tiefgreifenden institutionellen Wandel, daß mit ihrer Durchführung die Beschränkungen aufgehoben werden konnten, die bis zu jenem Zeitpunkt verhindert hatten, daß die natürlichen und humanen Ressourcen genutzt wurden und während vieler Jahre brachlagen.

Wegen der Vorherrschaft der Latifundien bei der Organisation der Agrarproduktion und weil enorme Zuckerrohrpflanzungen unter kapitalistischen Produktionsbedingungen organisiert waren, war es relativ einfach, diese Produktionseinheiten in staatliche Farmen und Genossenschaften umzuwandeln, die dann auch über große Anbauflächen verfügten. Auf diese Weise vermied es Kuba, den langsamen Entwicklungsprozeß zu wiederholen, den andere Agrarrevolutionen durchlaufen mußten, die den Boden in eine phantastische Zahl von Minifundien aufgeteilt hatten, um dann mühsam mit deren Zusammenfassung zu beginnen, mit dem Ziel, moderne Produktionstechniken anzuwenden, die nur auf einer gewissen Stufe der Produktion eingesetzt werden können.

Worin bestand die ökonomische Orientierung in der Landwirtschaft nach der Veränderung der Produktionsverhältnisse in den großen Produktionseinheiten? Als natürliche Begleiterscheinung dieses Prozesses verschwand die ländliche Arbeitslosigkeit, und die größten Anstrengungen richteten sich nun auf die Errichtung der Selbstversorgung bei den meisten Lebensmitteln sowie bei pflanzlichen und tierischen Rohstoffen. Mit nur einem Wort konnten wir die

Zielrichtung der Land- und Viehwirtschaft definieren: Diversifizierung. Anders gesagt: Die Agrarpolitik der Revolution war die Antithese der jahrelangen Entwicklung unter der Abhängigkeit vom Imperialismus und der Ausbeutung durch die Besitzer von Grund und Boden. Diversifizierung versus Monokultur, Vollbeschäftigung versus Arbeitslosigkeit – das sind die Veränderungen, die in jenen Jahren in den ländlichen Gebieten stattgefunden haben.

Es ist bekannt, daß unmittelbar nach diesen Veränderungen ernste Probleme in der kubanischen Landwirtschaft entstanden, für die erst in den letzten Monaten Ansätze einer Lösung gefunden wurden. Wie kann die relative Knappheit einiger landwirtschaftlicher Produkte erklärt werden, wie insbesondere der Rückgang der Zuckerproduktion, wenn die Revolution damit begonnen hat, alle brachliegenden Kräfte in den landwirtschaftlichen Produktionsprozeß zu intergrieren, was beachtliche potentielle Entwicklungsmöglichkeiten bedeutete? Wir glauben, daß wir insbesondere zwei Fehler begangen haben.

Der erste dieser Fehler bestand in unserer Interpretation des Begriffs „Diversifizierung". Anstatt diesen Prozeß in relativen Maßstäben durchzuführen, wurde er in absoluter Form realisiert. Die Zuckerrohrfelder wurden verkleinert, um Platz zu machen für neue Pflanzungen, was eine generelle Verringerung der landwirtschaftlichen Produktivität implizierte. In der ganzen Wirtschaftsgeschichte Kubas hatte es sich gezeigt, daß bei keinem anderen Produkt die Ernten eine so hohe Effektivität aufwiesen wie beim Zukker. Daß wir nun Veränderungen einführten, ohne uns der ökonomischen Auswirkungen bewußt zu werden, war zurückzuführen auf unsere fetischistischen Vorstellungen, die mit dem Zuckerrohr unsere Abhängigkeit vom Imperialismus und das Ausmaß des Elends in den ländlichen Gebieten verbanden, ohne jedoch den wahren Grund zu benennen, nämlich die Produktionsverhältnisse und die ungleichen Tauschverhältnisse, die „terms of trade".

Unglücklicherweise zeigen sich die gesamten Auswirkungen von Maßnahmen in der Landwirtschaft, egal in welcher Richtung, erst nach mehreren Monaten und manchmal sogar erst nach mehreren Jahren. Im Falle des Zuckerrohrs trifft diese Regel vollständig zu, und so zeigten sich die Auswirkungen der Reduzierung der Zuckerrohranbauflächen von Mitte 1960 bis Ende 1961 in der Verringerung der Ernte in den Jahren 1962 und 1963, wobei angemerkt werden muß, daß in diesen beiden Jahren eine extreme Trockenheit zu verzeichnen war. Der Weg in entgegengesetzter Richtung weist in Abhängigkeit von der Zeit ähnliche Merkmale auf. Wäre die Diversifizierung in einem geringeren Umfang durchgeführt worden, hätte sie realisiert werden können mit den Produktivitätsreserven in den Bereichen der traditionellen Anbauten. Das hätte bei einer kleinen Anzahl von neuen Agrarprodukten die partielle Nutzung brachliegender Ressourcen ermöglicht. Gleichzeitig hätten Maßnahmen ergriffen werden können, um moderne und komplexe Produktionstechniken einzuführen, die erst in einem größeren Zeitpunkt assimiliert werden können. Wenn der Einsatz dieser neuen Technologien seine Auswirkungen gezeigt hätte im Bereich unserer traditionellen Agrarprodukte, insbesondere bei den Exportprodukten, dann wäre es möglich gewesen, zusätzliche Ressourcen für die Diversifizierung zur Verfügung zu stellen, ohne daß es zu einer Beeinträchtigung der traditionellen Bereiche gekommen wäre.

Der zweite Fehler, den wir meines Erachtens begangen haben, bestand in der breiten Streuung unserer Ressourcen auf zahlreiche Linien im Agraranbau und in der Viehwirtschaft, was wir auch mit dem Begriff „Diversifizierung" begründeten. Diese breite Streuung erfolgte nicht nur im nationalen Maßstab, sondern in jeder einzelnen landwirtschaftlichen Produktionseinheit.

Wir haben bereits darauf hingewiesen, daß wir von der Monokultur zu einer großen Anzahl von Agrarentwicklungslinien kamen, was zu brutalen Veränderungen innerhalb weniger Monate führte. Nur eine solide Produktionsorganisation konnte derartige Veränderungen verkraften.

In der Landwirtschaft, und insbesondere in einem unterentwickelten Land weisen die Strukturen einen hohen Grad an Inflexibilität auf, und die Organisation ruht auf sehr schwachen und subjektiven Grundlagen. Demzufolge riefen die gleichzeitig stattfindenden institutionellen Veränderungen und Diversifizierungen eine große Schwächung in der Organisation der landwirtschaftlichen Produktion hervor.

Nachdem mehrere Jahre vergangen sind, haben sich die Bedingungen verändert, und der Druck des Klassenkampfes ist geringer geworden; so ist es heute relativ einfach, kritische Anmerkungen über die in jenen Monaten und Jahren durchgeführten Analysen zu machen. Die Geschichte wird darüber urteilen müssen, bis wohin die Schuld bei uns lag und nicht eine natürliche Auswirkung der uns aufgezwungenen Umstände war. Auf jeden Fall hat es die Realität übernommen, uns die Fehler vor Augen zu führen und uns den richtigen Weg aufzuzeigen. Auf letzterem bewegt sich zum heutigen Zeitpunkt die kubanische Revolution im Agrarbereich. Das Zuckerrohr genießt höchste Priorität bei der Zuteilung von Ressourcen sowie beim Einsatz jener Faktoren, die der rationalen Nutzung der Ressourcen dienen. Die sonstigen Agrarprodukte und ihre Entwicklung, welche die Diversifizierung implizieren, werden nicht vernachlässigt, wohl aber wurden die geeigneten Maßstäbe gesucht, um eine Verstreuung der Ressourcen zu verhindern, die die Optimierung ihres Einsatz erschwert hätte.

Im industriellen Sektor war die verfolgte Politik von ähnlichen Zielen bestimmt: Lösung des Problemes der Arbeitslosigkeit und der Devisenknappheit. Die Agrarreform, die revolutionären Maßnahmen zur Umverteilung der Einkommen sowie die Erhöhung der Zahl der Arbeitsplätze, die in anderen Bereichen erfolgte (auch in der Industrie), stimulierten in einem erheblichen Umfang den Binnenmarkt. Verstärkt wurden diese Maßnahmen, als die revolutionäre Regierung das Monopol des Außenhandels übernahm und eine protektionistische Politik gegenüber jenen Importen entwickelte, die ohne Benachteiligung der Konsumenten in

Kuba selber produziert werden konnten. Die kubanischen Industrieanlagen waren nur zu einem geringen Teil ausgelastet angesichts der Konkurrenz von Waren aus den Vereinigten Staaten, von denen viele praktisch ohne Zölle und Abgaben eingeführt wurden. Ein anderer Grund für die geringe Auslastung der kubanischen Industrie bestand in der begrenzten Kaufkraft, die zu einem guten Teil bedingt war durch Einkommensverteilung zugunsten der parasitären Klassen.

Die explosive Entwicklung der Nachfrage gestattete unmittelbar nach dem Sieg der Revolution eine Erhöhung des Auslastungsgrades der einheimischen Industrie, wobei nationale Produkte nun in einem wesentlich größeren Umfang am gesamten Warenkonsum beteiligt waren. Diese Entfaltung der Industrie verschärfte jedoch erheblich das Problem der Außenhandelsbilanz, war doch die kubanische Industrie nur in einem sehr geringen Umfang in die Wirtschaft des Landes integriert, d. h. sie war in einem sehr hohen Maße auf importierte Komponenten in Form von Roh- und Betriebsstoffen, Ersatzteilen und Ausrüstungen angewiesen.

Das Problem der Außenhandelsbilanz sowie die städtische Arbeitslosigkeit führten uns dazu, eine industrielle Entwicklung zur Lösung dieser beiden Probleme durchzuführen. Auch dabei gab es Erfolge und Fehler. Seit den ersten Jahren der Revolution wurde die Sicherung der Energieversorgung des Landes angestrebt durch Importe von Anlagen aus den sozialistischen Ländern, die auf die Anforderungen bis zum Jahr 1970 ausgelegt waren. Viele neue Industrieanlagen wurden aufgebaut, viele der im Bereich der mechanischen Industrie bestehenden kleineren und mittleren Betriebe neu ausgestattet. Dies war einer der Faktoren, die es ermöglichten, daß unsere Fabriken während der nordamerikanischen Handelsblockade, die sich als folgenschwer insbesondere im Bereich der Ersatzteile erwies, weiterhin produzieren konnten. Einige Textilfabriken, Anlagen im extraktiven und chemischen Bereich und die großen Bemühungen bei der Suche nach neuen Erzvorkommen waren Erfolge bei der effizienten Nutzung der kubanischen Bodenschätze und Rohstoffe.

Wenn wir damit auf gewisse Erfolge in den ersten Jahren der industriellen Entwicklung hingewiesen haben, so sollen auch die begangenen Fehler erwähnt werden. Grundsätzlich sind diese zurückzuführen auf die wenig präzise Konzeption der technologischen und ökonomischen Eckdaten der neuen Produktionskapazitäten, die in den letzten Jahren installiert wurden. Angesichts der vorhandenen Arbeitslosigkeit und unter dem Druck der Probleme im Außenhandel wurde eine große Zahl von Industrienanlagen erworben zwecks Importsubstitution; diese Betriebe verfügten über eine Technologie, die es ermöglichte, einer akzeptablen Anzahl von städtischen Arbeitern einen Arbeitsplatz zu sichern. Bei vielen dieser Anlagen stellte sich später heraus, daß ihre technische Effektivität im internationalen Maßstab ungenügend und der Nettoertrag für die Importsubstitution sehr begrenzt war, da sie Rohstoffe und Halbfabrikate benötigten, die nicht in Kuba produziert wurden.

Auch im industriellen Sektor haben wir diese Art von Fehler berichtigt. Die im Rahmen der Perspektiventwicklung des Landes neu zu installierenden Industrieanlagen werden bewertet in Funktion der maximalen Vorzüge im Bereich des Außenhandels und auf der Grundlage der auf dem Markt vorhandenen modernsten technologischen Entwicklungen unter Berücksichtigung unserer besonderen Bedingungen.

Die bis jetzt erreichte industrielle Entwicklung kann als zufriedenstellend bezeichnet werden, wenn wir die Probleme berücksichtigen, die durch die nordamerikanische Handelsblockade entstanden sind und dadurch, daß es innerhalb von drei Jahren zu einem radikalen Wandel unserer ausländischen Lieferanten gekommen ist. Im vergangenen Jahr ging die Zuckerproduktion von 4,8 auf 3,8 Millionen metrische Tonnen zurück. Dieser Rückgang wurde andererseits kompensiert durch ein sechsprozentiges Wachstum der

Nichtzuckerindustrie. Für das laufende Jahr 1964 rechnen wir damit, daß angesichts einer solideren internen Produktionsorganisation und unserer größeren Erfahrung mit den neuen Märkten die industrielle Wachstumsrate darüber hinaus gesteigert werden kann.

Die bisher stattgefundenen Veränderungen in der kubanischen Wirtschaft verursachten eine tiefgehende Veränderung in der Struktur unseres Außenhandels. Im Exportbereich beschränken sich die Veränderungen vorwiegend auf die Exportmärkte, da der Zucker weiterhin der dominierende Faktor ist. Dagegen hat sich die Struktur der Importe nach Warengruppen im Verlauf der letzten fünf Jahre grundlegend verändert. Der Import insbesondere langlebiger Konsumgüter verringerte sich substantiell zugunsten von Investitionsgütern, während bei den mittelfristigen Konsumgütern eine kleine Verringerung zu verzeichnen ist. Die Politik der Importsubstitutionen zeigt, wenn auch langsam, meßbare Erfolge.

Unbestreitbar werden die langlebigen Konsumgüter mit der erreichten umfassenden Festigung der Wirtschaftspolitik der Revolution zunehmend angeboten werden, damit dem wachsenden Bedarf des modernen Lebens entsprochen werden kann. Die zukünftigen Pläne sehen ein sowohl absolutes wie relatives Wachstum bei diesen Produkten vor (unter Berücksichtigung der stattgefundenen sozialen Veränderungen). Beispielsweise wird es in Zukunft nicht nötig sein, Cadillacs und andere Luxusautos zu importieren, für deren Einfuhr in der Vergangenheit ein guter Teil der in Zucker materialisierten Arbeit kubanischer Werktätiger verwandt wurde.

Dies ist lediglich ein Aspekt der Probleme, die zur Zeit im Zuge der zukünftigen Entwicklung Kubas untersucht werden.

Die in den nächsten Jahren einzuschlagende Entwicklung wird in einem hohen Maße abhängen von der Flexibilität des kubanischen Außenhandels, um in einer maximalen Form die komparativen Vorzüge zu nutzen. Jetzt können wir die drei hauptsächlichen Entwicklungslinien der kubanischen Wirtschaft für die Jahre bis mindestens 1970 skizzieren. Der Zucker wird unsere Hauptaufgabe bleiben, und seine zukünftige Entwicklung impliziert eine Steigerung der aktuellen Produktionsmöglichkeiten um 50%. Parallel dazu wird es eine qualitative Entwicklung im Zuckerbereich geben, indem es zu einer substantiellen Vergrößerung der Erträge pro Flächeneinheit sowie zu einer Intensivierung des Einsatzes von Technik im Bereich der industriellen Zukkerverarbeitung kommen wird. Durch solche Bemühungen soll der in den letzten 10 bis 15 Jahren zu verzeichnende Verlust an Effektivität kompensiert werden, der durch das Fehlen an Anreizen entstanden ist, da unser Absatzmarkt stagnierte; dadurch war es zu einem Stillstand in der technologischen Entwicklung gekommen. Mit den neuen Perspektiven, die uns von den sozialistischen Ländern geboten werden, ist hier ein radikaler Wandel eingetreten.

Eine der Säulen, auf denen die Entwicklung im Zuckersektor wie in allen anderen Wirtschaftszweigen beruht, ist das kürzlich unterzeichnete Handelsabkommen zwischen Kuba und der UdSSR, in dem die Abnahme enormer Mengen Zucker zu Preisen vereinbart wurde, die weit über dem Durchschnitt der Zuckerpreise in den letzten zwanzig Jahren sowohl auf dem US- als auch auf dem Weltmarkt liegen. Unabhängig von allen positiven wirtschaftlichen Auswirkungen kommt dem Abkommen mit der UdSSR eine besondere politische Relevanz zu, denn hier zeigen sich Beziehungen, die zwischen einem unterentwickelten und einem entwickelten Land möglich sind, wenn beide dem sozialistischen Lager angehören, als Gegengewicht zu der permanenten Tendenz, die „terms of trade" zuungunsten der armen Länder zu verändern, was die Regel ist im Handel zwischen den sogenannten rohstoffexportierenden Ländern und den kapitalistischen Industriestaaten.

Die zweite Entwicklungsschiene der industriellen Entwicklung ist Nickel. Die natürlichen Reichtümer in Form von Lateritvorkommen in den nordöstlichen Gebieten

Kubas bilden ein beachtliches Entwicklungspotential für den dortigen Aufbau einer zukünftigen Metallurgischen Industrie. Um dies zu erreichen, wird die aktuelle Abbaukapazität für Nickel erweitert werden, so daß künftig Kuba der zweit- oder drittgrößte Weltproduzent dieses strategisch wichtigen Metalls sein wird.

Die dritte Entwicklungslinie, die jetzt benannt werden kann, ist die Viehzucht. Die Viehbestände, die in Kuba im Verhältnis zur Bevölkerung existieren, sowie die enormen, teilweise noch nicht erschlossenen potentiellen Möglichkeiten zur Erweiterung der Viehbestände, erlauben die Einschätzung, daß innerhalb von weniger als einem Jahrzehnt die Bedeutung der kubanischen Viehzucht lediglich mit der des Zuckers vergleichbar sein wird. Nachdem auf einem hohen Niveau die eigenen Bedürfnisse befriedigt sein werden, kann Kuba noch über erhebliche Überschüsse von Fleisch und Milchprodukten für den Export verfügen.

Wie dargelegt, wird der Außenhandel auch weiterhin von strategischer Bedeutung für die kubanische Wirtschaft sein, aber die Konzeption der Außenwirtschaft wird für ihre zukünftige Entwicklung einen qualitativen Wandel erfahren. Keine der drei wichtigen Entwicklungslinien beinhaltet Importsubstitutionen mit Ausnahme der Viehzucht in den ersten Jahren. Nachdem diese verstrichen sein werden, werden die drei Entwicklungstendenzen auf den Export ausgerichtet. Auch wenn die Politik der Importsubstitution nicht aufgegeben wird, so wird sie ausgeglichener sein als die vorangegangene Konzeption der Importsubstitution. Es bleibt für die 70er Jahre vorbehalten, einen intensiveren Importsubstitutionsprozeß durchzuführen, der nur auf der Grundlage einer Industrialisierung in großem Maßstab realisiert werden kann. Die Grundlagen dafür werden in den kommenden Jahren gelegt werden unter Nutzung aller Vorteile, die der Außenhandel einer unterentwickelten Wirtschaft bietet.

Es bleibt zu fragen, ob neben der unbestreitbaren politischen Bedeutung, die Kuba in der Welt errungen hat, zur

Zeit eine entsprechende ökonomische Relevanz vorhanden ist. Konkreter: Soll angesichts dieser politischen Bedeutung an ernstere wirtschaftliche Beziehungen gedacht werden, die sich im Handel mit anderen Ländern materialisieren sollen, und wie sollten in diesem Fall die Wege aussehen, um diesen Handel zu realisieren, der angesichts der nordamerikanischen Handelsblockade sehr gering sein würde?

Ungeachtet der utilitaristischen Argumente, die uns zu einer Apologie des internationalen Handels führen könnten, ist es evident, daß Kuba an einem aktiven, regulären und langfristigen Handelsaustausch mit allen Ländern der Erde gelegen ist, und da werden wir uns gemäß unserer realen Bedeutung einstufen. Kuba ist für die nordamerikanische Regierung nicht nur ein Alptraum wegen ihrer kolonialistischen Mentalität. Es geht darüber hinaus um mehr: Unser Land bietet das klare Bild des Scheiterns der nordamerikanischen Aggressionspolitik an der Tür des eigenen Kontinents, und darüber hinaus ist es ein Bild der zukünftigen sozialistischen Länder Lateinamerikas, und gleichzeitig ist es ein eindeutiges Symptom des unweigerlichen Niedergangs des Handelsspielraumes des nordamerikanischen Finanzkapitals.

Der nordamerikanische Imperialismus ist schwächer als allgemein angenommen: Er ist ein Gigant auf tönernen Füßen. Auch wenn seine aktuellen großen Potenzen noch nicht ernsthaft gefährdet sind durch die gewalttätigen Klassenkämpfe, die gemäß der Marxschen Voraussicht das kapitalistische System sprengen werden, so sind die erwähnten großen Potenzen doch grundlegend zurückzuführen auf die extraterritoriale Monopolmacht, die ausgeübt wird durch den ungleichen Handelsaustausch, sowie auf die politische Beherrschung ausgedehnter Gebiete, auf die er die grundlegende Last seiner Widersprüche abwälzt.

In dem Maße, in dem die abhängigen Länder Lateinamerikas und andere Regionen der Welt sich von den Fesseln der monopolistischen Ketten befreien und sich neue, gerechtere Systeme und gerechtere Handelsbeziehungen mit allen Ländern der Welt etablieren, werden die vergangenen Beiträge unserer Länder für die Lebensweise der imperialistischen Mächte uns selber zugute kommen. Von allen imperialistischen Mächten werden die USA diese Entwicklung zum Zeitpunkt ihrer Realisierung am meisten zu spüren bekommen. Das wird aber nicht die einzige Auswirkung des historischen Prozesses sein, den wir demnächst erleben werden. Das verdrängte Finanzkapital muß neue Einsatzmöglichkeiten suchen, um ihre Verluste zu kompensieren. In diesem Kampf werden die betroffensten, mächtigsten und aggressivsten Finanzkreise, nämlich die nordamerikanischen, mit aller Kraft ihre Macht gegenüber den anderen Finanzkreisen ausspielen in einer unerbittlichen Konkurrenz, in der es zu unerwarteten und konkreten Formen der Gewalt gegenüber den heutigen „Verbündeten" kommen kann.

Die Existenz Kubas bedeutet für die Völker Lateinamerikas die Hoffnung auf eine bessere Zukunft sowie die Aussicht einer gefährlichen Zukunft für die angeblich unveränderbaren monopolistischen Strukturen der USA. Ihr Versuch, Kuba zu erdrosseln, ist ein Ansinnen, die Gegenwart festzuschreiben, aber trotz aller Arten von Aggressionen bleibt der kubanische Staat unversehrt, seine Wirtschaft konsolidiert sich, und sein Außenhandel entwickelt sich positiv. So wird die Aggressionspolitik vollständig scheitern, und das Umschlagen zu Formen der Koexistenz wird sich beschleunigen.

Von den neuen Beziehungen zum gegenseitigen Nutzen, die errichtet werden, wird der natürliche Nutznießer (und gleichzeitige Unterstützer für jedes sich befreiende Land) der Block der sozialistischen Länder sein. Aber die großen kapitalistischen Länder, unter denen sich auch England befindet, mit ihren bedeutenden wirtschaftlichen Problemen und beachtlichen Marktbeschränkungen, haben die Möglichkeit, sich an die Spitze dieser neuen Form von Handelsbeziehungen zu setzen, so wie es in gewisser Weise bereits Frankreich versucht hat.

Obwohl Kuba über keinen zu vernachlässigenden Binnenmarkt verfügt, kommt ihm dennoch möglicherweise nicht die Bedeutung zu, um dafür das Wagnis eines abrupten Bruches mit den USA einzugehen, aber Lateinamerika ist ein gigantischer potentieller Markt mit zweihundert Millionen Menschen. Wie weit man auch immer die Augen vor den Realitäten verschließen will, dieser krisengeschüttelte Kontinent wird voranschreiten im Kampf für die Befreiung, und ein Land nach dem anderen, oder in Gruppen oder insgesamt, wird einen Block unabhängiger Länder bilden, die sich unabhängig von den imperialistischen Systemen dem Sozialismus zuneigen werden.

Ob es den Versuch lohnt, Kuba als Experiment anzusehen, um Beziehungen zu erproben, die von großer Nützlichkeit für eine unmittelbare Zukunft sein werden und mit faßbaren Gefahren für die Zukunft des kapitalistischen Systems verbunden sind?

Die Alternative ist sehr klar umrissen und impliziert gemäß unseren Vorstellungen ernste Konsequenzen: Will man Verbündeter der Vereinigten Staaten bis zum Ende einer Politik der Unterdrückung und der Aggressionen gegen die Völker sein, um dann zu einem bestimmten Zeitpunkt ein Opfer der gleichen internen und externen Probleme zu werden, oder wird dieses Bündnis aufgelöst, was sich im Verhältnis zu Kuba andeuten könnte, um mittels des internationalen Handels zu einer raschen Entwicklung der sich befreienden Länder beizutragen, um so den für ihre Befreiung kämpfenden Völkern größere Hoffnungen zu machen und um gleichzeitig die Bedingungen zu schaffen, die eine Beschleunigung des Verschwindens des Kapitalismus ermöglichen?

Wir meinen, daß dies das große Dilemma für Länder wie England zum heutigen Zeitpunkt ist. Kuba ist daran beteiligt durch seine Bedeutung als Katalysator der revolutionären Ideen eines Kontinents und als Vorreiter derselben. Die endgültige Entscheidung wird nicht von uns zu treffen sein, denn wir zeigen lediglich die Alternativen auf.

Ansprache beim zweiten Wirtschaftsseminar der afro-asiatischen Solidarität

Februar 1965

Liebe Brüder,
Kuba nimmt an dieser Konferenz teil, um eigenständig die Stimme der Völker Amerikas zu erheben. Wie bereits bei anderen Gelegenheiten betont, erheben wir unsere Stimme auch als ein unterentwickeltes Land, das gleichzeitig den Sozialismus aufbaut. Es ist kein Zufall, daß es unseren Vertretern gestattet ist, ihre Meinung im Kreise der Völker Afrikas und Asiens zu äußern. Ein gemeinsamer Wunsch, die Niederlage des Imperialismus, eint uns bei dem gemeinsamen Marsch in die Zukunft; und eine gemeinsame Vergangenheit des Kampfes gegen denselben Feind hat uns auf diesem langen Weg vereint.

Dies ist eine Versammlung der kämpfenden Völker, die an zwei Fronten von gleicher Bedeutung den Kampf führen, der von uns alle Anstrengungen erfordert. Der Kampf gegen den Imperialismus zur Überwindung der kolonialen oder neokolonialen Fesseln, geführt mit den politischen Waffen, den Feuerwaffen oder mit der Kombination beider Kampfarten, ist nicht losgelöst vom Kampf gegen Unterentwicklung und Armut. Beide Bereiche sind Etappen auf demselben Weg, der uns zur Schaffung einer neuen, reichen und gleichzeitig gerechten Gesellschaft führt. Unverzichtbar ist die Eroberung der politischen Macht und die Entmachtung der unterdrückenden Klassen, aber danach muß die zweite Etappe des Kampfes in Angriff genommen werden, die – wenn vergleichbar – noch schwieriger ist als die erste.

Nachdem sich die kapitalistischen Monopole der Welt bemächtigt hatten, haben sie die Mehrheit der Weltbevölkerung in Armut gehalten und die Gewinne in der Gruppe der mächtigsten Länder aufgeteilt. Der hohe Lebensstandard dieser Länder ist begründet durch das Elend in unseren Staaten; um den Lebensstandard der unterentwickelten Völker zu heben, muß folglich gegen den Imperialismus gekämpft werden. Jedesmal, wenn sich ein Land von dem imperialistischen Baum löst, wird nicht nur eine partielle Schlacht gegen den zentralen Gegner gewonnen, sondern damit wird auch ein Beitrag zu seiner realen Schwächung geleistet und ein Schritt zum endgültigen Sieg getan.

In diesem Kampf auf Leben oder Tod gibt es keine Grenzen; wir können nicht indifferent bleiben angesichts der Ereignisse an irgendeiner Stelle in der Welt. Der Sieg eines Landes über den Imperialismus ist auch unser Sieg, so wie die Niederlage irgendeines Landes auch unsere Niederlage ist. Die Praktizierung des proletarischen Internationalismus ist nicht nur eine Pflicht für die Völker, die für eine bessere Zukunft kämpfen, sondern auch eine unverzichtbare Notwendigkeit. Wenn der imperialistische Feind, sei es der nordamerikanische oder ein anderer, Aktivitäten gegen die unterentwickelten Völker und die sozialistischen Staaten durchführt, dann bestimmt eine ganz elementare Logik die Notwendigkeit des Bündnisses zwischen den unterentwikkelten Völkern und den sozialistischen Staaten. Wenn es keinen weiteren Grund für dieses Bündnis gäbe, so müßte der gemeinsame Feind bereits ein ausreichender Grund sein.

Solche Bündnisse kommen selbstverständlich nicht spontan und ohne Diskussionen zustande, zwingen also manchmal zu schmerzhafter Geburt.

Wir sagten, daß jedesmal, wenn sich ein Land befreit, dies eine Niederlage des weltweiten imperialistischen Systems darstellt, aber es muß beachtet werden, daß diese Loslösung nicht durch eine einfache Proklamation der Unabhängigkeit erfolgt oder durch den Sieg der Waffen bei einer Revolution, sondern diese Loslösung erfolgt, wenn die imperialistische ökonomische Herrschaft über ein Volk beendet wird. Deshalb sind die sozialistischen Staaten ganz vital an einer tatsächlichen Loslösung interessiert, und es ist auch unsere internationale Pflicht, eine durch unsere Ideologie bestimmte Pflicht, mit unseren Bemühungen dazu beizutragen, daß die Befreiung so schnell und so grundlegend wie möglich erfolgt.

Aus diesen Überlegungen muß gefolgert werden, daß die Entwicklung der Länder, die jetzt den Weg der Befreiung beschreiten, den sozialistischen Ländern Kosten verursachen wird. Wir stellen dies fest ohne erpresserische oder spektakuläre Hintergedanken oder um einen einfachen Zugang zu den afroasiatischen Völkern zu finden, denn es ist unsere tiefste Überzeugung. Es kann keinen Sozialismus geben, wenn im Bewußtsein sich nicht ein tiefer Wandel vollzieht hin zu einer neuen brüderlichen Einstellung gegenüber der Menschheit. Dies gilt sowohl für den individuellen Bereich in der Gesellschaft, die den Sozialismus aufbaut oder in dem er aufgebaut ist, wie auch im Weltmaßstab im Verhältnis zu allen Völkern, die unter der imperialistischen Unterdrückung leiden.

Wir sind der Überzeugung, daß bei der Hilfe für die abhängigen Staaten mit einer derartigen Einstellung der Verantwortung gehandelt werden muß und daß nicht mehr gesprochen werden sollte von dem Handel zum gegenseitigen Nutzen auf der Grundlage von Preisen, die bestimmt werden von dem Wertgesetz und den ungleichen internationalen Austauschbeziehungen – ein Ergebnis des Wertgesetzes zuungunsten der unterentwickelten Länder.

Wieso kann von „gegenseitigem Nutzen" gesprochen werden, wenn zu Weltmarktpreisen die Rohstoffe verkauft werden müssen, die die unterentwickelten Länder Schweiß und grenzenloses Elend kosten, und zu Weltmarktpreisen die Maschinen gekauft werden, die in den heutigen großen automatisierten Fabriken hergestellt werden?

Wenn wir diese Art von Beziehungen zwischen zwei Gruppen von Ländern herstellen, dann müssen wir auch sehen, daß in gewisser Weise die sozialistischen Länder Komplizen der imperialistischen Ausbeutung sind. Es kann entgegengehalten werden, daß der Handel mit den unterentwickelten Ländern nur einen unbedeutenden Teil des Außenhandels dieser Länder ausmacht. Dies ist in der Tat richtig, dadurch verändert sich aber nicht der unmoralische Charakter dieses Austausches.

Die sozialistischen Länder haben die moralische Pflicht, ihre stillschweigende Komplizenschaft mit den westlichen Ausbeutungsländern zu beenden. Die Tatsache, daß der Handel heute nur einen geringen Umfang hat, besagt nichts: Kuba verkaufte 1959 gelegentlich Zucker an einige sozialistische Länder insbesondere über englische und andere Zwischenhändler. Heute wickelt es 80% seines Außenhandels mit den sozialistischen Ländfern ab, die gesamten lebensnotwendigen Lieferungen kommen aus dem sozialistischen Block, und in der Tat ist Kuba heute Bestandteil dieses Blocks. Wir können nicht sagen, daß diese Integration lediglich durch Erhöhung des Handelsvolumens zustande gekommen ist, noch daß die Intensivierung des Handels erfolgte, weil wir alte Strukturen aufbrachen und den sozialistischen Entwicklungsweg anvisierten; beide Extreme berühren sich und führen zu Beziehungen.

Wir begannen unseren Weg, der in den Kommunismus einmünden wird, nicht unter Planung sämtlicher Schritte; es handelt sich also nicht um das logische Produkt einer in eine bestimmte Richtung tendierenden ideologischen Entwicklung. Die Wahrheit des Sozialismus zusammen mit den kruden Wahrheiten des Imperialismus schmiedeten das Bewußtsein unseres Volkes und zeigten den Weg auf, den wir dann bewußt eingeschlagen haben. Die Völker Afrikas und Asiens, die sich auf dem Weg ihrer endgültigen Befreiung befinden, werden auch diesen Kurs einschlagen müssen, und sie werden dies früher oder später tun, auch wenn ihr Sozialismus heute noch mit irgendeinem Adjektiv ausgestattet ist. Es gibt keine andere für uns gültige Definition des Sozialismus als die Abschaffung der Ausbeutung des Menschen durch den Menschen. Solange dies nicht der Fall ist, befindet man sich in der Etappe des Aufbaus des Sozialismus. Wenn statt der Erreichung des Zieles, also der Beendigung der Ausbeutung, der Prozeß stagniert oder Rückschritte in diesem Bereich erfolgen, kann nicht einmal vom Aufbau des Sozialismus gesprochen werden.

Wir müssen die Bedingungen vorbereiten, damit unsere Brüder direkt und bewußt den Weg der endgültigen Abschaffung der Ausbeutung einschlagen können, aber wir können sie dazu nicht auffordern, wenn wir Komplizen dieser Ausbeutung sind. Falls wir gefragt würden, welche Methoden für die Festlegung von gerechteren Preisen angewendet werden müßten, dann könnten wir nicht antworten. Wir kennen die praktische Größenordnung dieses Problems nicht, wir wissen lediglich, daß nach politischen Diskussionen die UdSSR und Kuba für uns günstige Handelsabkommen vereinbart haben, durch die wir bis zu fünf Millionen Tonnen Zucker zu festen Preisen verkaufen werden, die über denen des sogenannten freien Zuckerweltmarktes liegen. Auch die Volksrepublik China zahlt diese Preise.

Das ist lediglich ein Anfang, denn die reale Aufgabe besteht darin, Preise festzulegen, die eine Entwicklung ermöglichen. Ein grundlegender konzeptioneller Wandel bestünde in der Veränderung der Weltwirtschaftsordnung. Nicht der Außenhandel darf die Politik bestimmen, sondern umgekehrt sollte jener einer brüderlichen Politik gegenüber den Völkern untergeordnet sein.

Knapp werde ich das Problem der langfristigen Kredite für den Aufbau von Basisindustrien analysieren. Häufig stellen wir fest, daß die nutznießenden Länder Kredite zur Verfügung stellen, um Basisindustrien aufzubauen, die in ihrer jetzigen Kapazität überproportioniert sind, deren Produkte im Herstellungsland nicht konsumiert werden und deren Reserven die Anstrengungen kompromitieren. Meine Überlegung geht davon aus, daß Investitionen in den sozialistischen Staaten in ihren Territorien direkt den staatlichen Haushalt belasten und sich lediglich amortisieren über den vollständigen Prozeß der Herstellung von Produkten, um bis zum Extrem der Manufaktur zu gelangen. Unser Vorschlag zielt darauf, daß überlegt werden sollte, ob nicht derartige Ansätze für Investitionen in den unterentwickelten Ländern genutzt werden sollten.

Auf diese Art und Weise könnte eine immense Kraft in Bewegung gesetzt werden, die in unseren Kontinenten elendig ausgebeutet, aber niemals bei ihrer Entwicklung unterstützt wurde, und so könnte eine neue Etappe einer authentischen internationalen Arbeitsteilung beginnen, deren Grundlage nicht die bis heute gültige Geschichte ist, sondern die zukünftige Geschichte dessen, was erreicht werden kann.

Die Staaten, in denen die neuen Investitionen getätigt würden, hätten alle Rechte, die sich aus dem souveränen Besitz der Anlagen ergeben, und ohne daß es Verpflichtungen zu Zahlungen oder Rückzahlungen von Krediten gibt, sondern sie wären lediglich verpflichtet, bestimmte Mengen von Produkten während einer bestimmten Anzahl von Jahren und zu einem vereinbarten Preis an die investierenden Länder zu liefern.

Sinnvoll erscheint es ebenfalls, die Finanzierungsformen für die Ausgaben vor Ort zu untersuchen, die ein Land tätigen muß, das derartige Vorhaben realisieren will. Eine Form der Förderung, die keine Ausgaben in Form von frei konvertierbaren Devisen erfordert, könnte in der Lieferung von leicht verkäuflichen Waren an die Regierung der unterentwickelten Länder mittels langfristiger Kredite bestehen.

Ein anderes, schwer zu lösendes Problem besteht in der Beherrschung der Technik. Es ist wohlbekannt, daß wir Entwicklungsländer einen großen Mangel an Technikern haben. Es fehlen Ausbildungsinstitutionen und -kräfte. Manchmal fehlt auch das reale Bewußtsein über unsere Bedürfnisse und über die Notwendigkeit der Durchführung einer Entwicklungspolitik im Bereich der Technik, Kultur und Ideologie, der höchste Priorität eingeräumt wird.

Die sozialistischen Länder müssen Hilfestellung geben bei der Bildung von Institutionen für die technische Bildung sowie auf die zentrale Bedeutung dieser Tatsache insistieren und die Fachkräfte zur Verfügung stellen, die notwendig sind, um die aktuellen Engpässe zu überbrücken. Bei letzterem Punkt muß ich darauf insistieren, daß die in unsere Länder entsandten Techniker über herausragende Eigenschaften verfügen müssen. Es handelt sich um Compañeros, die sich einer unbekannten Umwelt stellen müssen, die häufig technikfeindlich ist, in der eine fremde Sprache gesprochen wird und wo völlig unbekannte Gebräuche und Sitten herrschen. Die Techniker, die sich einer derart schwierigen Aufgabe stellen, müssen in erster Linie Kommunisten sein, und zwar im tiefen und noblen Sinne des Wortes: Ausgestattet mit dieser Eigenschaft, und versehen mit einem Minimum an Organisationstalent und Flexibilität, können Wunder vollbracht werden.

Wir wissen, daß dies möglich ist, denn unsere Bruderländer haben uns eine gewisse Anzahl von Technikern geschickt, die zur Entwicklung des Landes mehr beigetragen haben als zehn Institute und die zur Festigung unserer Freundschaft mehr beigetragen haben als zehn Botschafter oder hundert Diplomatenempfänge.

Könnte es zu einer effektiven Realisierung der vorgetragenen Vorschläge kommen und hätten darüber hinaus die unterentwickelten Länder Zugang zur gesamten Technologie der hochentwickelten Länder ohne das heute geltende Patentrecht, durch das Entdeckungen verdeckt werden, so hätten wir große Fortschritte bei der Realisierung unserer gemeinsamen Aufgabe erreicht.

Der Imperialismus hat in vielen Schlachten Niederlagen erlitten. Er ist aber auch heute noch eine beachtliche Kraft in der Welt, und seine endgültige Niederlage kann nur anvisiert werden durch die Anstrengung und die Opfer von allen.

Dennoch: Die vorgeschlagenen Maßnahmen können nicht einseitig realisiert werden. Einverstanden: Die Entwicklung der unterentwickelten Länder wird den sozialistischen Staaten Kosten verursachen. Aber es muß auch eine Anstrengung der Kräfte der unterentwickelten Länder erfolgen und entschieden der Kurs auf Aufbau einer neuen Gesellschaft – egal unter welcher Bezeichnung – eingeschlagen werden, wo die Maschine ein Arbeitsinstrument ist und nicht ein Instrument zur Ausbeutung des Menschen durch den Menschen. Es kann auch kein Vertrauen der sozialistischen Länder erwartet werden, wenn zwischen Kapitalismus und Sozialismus hin- und hergependelt wird und wenn beide Kräfte als gegensätzliche Elemente angesehen werden, um dann gewisse Vorteile aus dieser Schaukelpolitik zu erreichen. Eine neue Politik absoluter Seriosität muß die Beziehungen zu den zwei Gesellschaftsgruppen prägen. Es dürfte sinnvoll sein, erneut darauf zu verweisen, daß sich die Produktionsmittel vorzugsweise sich in der Verfügungsgewalt des Staates befinden sollten, damit nach und nach die Kennzeichen der Ausbeutung verschwinden können.

Andererseits kann die Entwicklung nicht aufgegeben werden zugunsten einer absoluten Improvisation; der Aufbau einer neuen Gesellschaft muß geplant werden. Die Planung ist eines der Gesetze des Sozialismus, und ohne sie kann es keine sozialistische Gesellschaft geben. Ohne eine korrekte Planung kann es keine Garantie dafür geben, daß alle ökonomischen Sektoren irgendeines Landes sich harmonisch vereinen, um die Entwicklungssprünge zu erreichen, die die Epoche, in der wir leben, erfordern. Die Planung ist nicht ein isoliertes Problem jedes unserer kleinen Länder, deren Entwicklung verzerrt ist und die über einige Rohstoffe verfügen oder Produzenten einiger Fertigprodukte oder Halbfertigprodukte sind, ohne die Mehrzahl der anderen Produkte zu haben. Daher sollte es von Anfang an eine gewisse regionale Abstimmung geben, um die Wirtschaft dieser Länder zu ergänzen und so zu einer Integration auf der Grundlage eines tatsächlichen gegenseitigen Nutzens zu kommen.

Ich bin davon überzeugt, daß der aktuelle Weg voller Gefahren ist, und zwar voller Gefahren, die nicht von irgendeiner höheren Intelligenz für eine ferne Zukunft erfunden oder vorhergesehen werden, sondern das faßbare Ergebnis der uns bedrängenden Realitäten sind. Der Kampf gegen den Kolonialismus hat sein endgültiges Stadium erreicht, aber in der jetzigen Zeit ist der koloniale Status nichts mehr als eine Konsequenz imperialistischer Herrschaft. Solange es den Imperialismus gibt, solange wird er definitionsgemäß seine Herrschaft über andere Länder aufrecht erhalten, und diese Herrschaft ist heute der Neokolonialismus.

Der Neokolonialismus entwickelte sich zuerst in Südamerika, in einem ganzen Kontinent, und heute ist er mit zunehmender Intensität in Afrika und Asien zu beobachten. Seine Formen des Eindringens und der Entwicklung sind unterschiedlich; und eine dieser Formen, die brutale, haben wir im Kongo kennengelernt. Die offene und brutale Gewalt, ohne Wenn und Aber und ohne Beschönigungen, das ist ihre letzte Waffe. Es gibt subtilere Waffen: das Eindringen in die Länder, die politisch ihre Unabhängigkeit erreichen, die Verbindungen mit den entstehenden nationalen Bourgeoisien, die Entwicklung einer parasitären bourgeoisen Klasse, die in enger Verbindung mit den Interessen der Metropolen steht. Gestützt werden sie durch einen gewissen Wohlstand oder die temporäre Entwicklung des Lebensstandards der Völker, da in vielen unterentwickelten Ländern der simple Schritt des Übergangs von feudalen zu kapitalistischen Verhältnissen einen großen Fortschritt bedeutet, unabhängig von den auf lange Sicht negativen Auswirkungen auf die Lage der Arbeiter.

Der Neokolonialismus hat seine Krallen im Kongo gezeigt, und das war kein Zeichen der Stärke, sondern der Schwäche, denn er mußte auf seine letzte Waffe zurückgreifen, auf die Gewalt als ökonomisches Argument, was gegenläufige Reaktionen großer Intensität hervorruft. Aber seine Macht übt er auch in anderen Ländern Afrikas und Asiens in viel subtilerer Weise aus, und mit großer Geschwindigkeit vollzieht sich eine Entwicklung, die einige als „Südamerikanisierung" dieser Kontinente bezeichnen; das heißt, es entsteht eine parasitäre Bourgeoisie, die keinen Beitrag zu dem nationalen Reichtum leistet, die sogar ihre Gewinne außerhalb des Landes bei kapitalistischen Banken deponiert und die mit dem Ausland paktiert, um mehr Gewinne zu erzielen, unter absoluter Geringschätzung des Wohlergehens des Volkes.

Es gibt auch andere Gefahren wie die Konkurrenz zwischen Bruderstaaten, politischen Freunden und manchmal sogar Nachbarn, die zu einem gleichen Zeitpunkt die gleichen Investitionen durchführen, um den gleichen Markt zu bedienen, der für beide Produkte jedoch zu gering ist.

Diese Konkurrenz hat den Nachteil, daß Ressourcen verbraucht werden, die in ökonomisch sich ergänzenden Formen eine viel größere Wirkung zeigen würden. Darüber hinaus hat diese Konkurrenz den weiteren Nachteil, Manöver der imperialistischen Monopole zu ermöglichen.

Angesichts der Unmöglichkeit, bei manchen Gelegenheiten bestimmte Investitionen mit Hilfe der sozialistischen Staaten durchzuführen, werden diese durch Abkommen mit den Kapitalisten realisiert. Diese kapitalistischen Investitionen weisen nicht nur Nachteile durch die Modalitäten der Kredite auf, sondern auch weitere zusätzliche Nachteile größerer Bedeutung wie die der Einrichtung gemischter Gesellschaften mit einem gefährlichen Nachbarn. Da im allgemeinen die Investitionen parallel in mehreren Staaten erfolgen, führt dies zu Spaltungen zwischen befreundeten Staaten und öffnet Tür und Tor der Gefahr der Korruption, die entsteht aus der konstanten Präsenz des Kapitalismus, der geschickt die Perspektiven der Entwicklung und des Wohlstandes schildern kann, die das Verständnis vieler Menschen vernebeln kann.

Später ist das Sinken der Preise auf den Absatzmärkten das Ergebnis der Saturierung mit ähnlichen Produkten. Die betroffenen Länder sehen sich dann genötigt, neue Anleihen aufzunehmen oder neue komplementäre Investitionen für die Verbesserung der Konkurrenzfähigkeit zu gestatten. Durch das Fallen der Preise ist das langfristige Ergebnis einer derartigen Politik die Auslieferung der Wirtschaft an die Monopole und eine langsame, aber sichere Rückkehr zur Vergangenheit. Nach unserem Verständnis ist die einzige sichere Form der Partizipation an den Investitionen die direkte Beteiligung des Staates als vollständiger Käufer der Güter, wodurch die imperialistische Handlung beschränkt bleibt auf die Lieferverträge; dadurch werden sie vor der Tür zu unseren Ländern gehalten. Dabei ist es durchaus zulässig, die Widersprüche im Imperialismus zu nutzen und weniger kostenintensive Konditionen zu erreichen.

Aufmerksamkeit muß der „uneigennützigen" wirtschaftlichen, kulturellen und sonstigen Hilfe entgegengebracht werden, die der Imperialismus von sich aus oder über Statthalterstaaten anbietet, die in gewissen Teilen der Welt über höheres Ansehen verfügen.

Wenn auf die hingewiesenen Gefahren nicht rechtzeitig geachtet wird, dann können Länder, die im guten Glauben und mit großer Begeisterung den Weg der nationalen Befreiung eingeschlagen haben, erneut den neokolonialen Weg einschlagen, wobei die monopolistische Herrschaft mit ausgeklügelten Methoden errichtet wird, und zwar mit einer Abstufung, die in ihren jeweiligen Auswirkungen schwer zu erkennen ist, bis sie sich brutal zu erkennen gibt.

Es gilt heute eine große Aufgabe zu realisieren, es stellen sich immense Probleme in unseren zwei Welten, nämlich in der Welt der sozialistischen Staaten und der sogenannten Dritten Welt; Probleme, die in einem direkten Zusammenhang mit dem Menschen und seinem Wohlergehen stehen und mit dem Kampf gegen den Hauptschuldigen für unsere Unterentwicklung.

Angesichts dessen müssen alle Länder und Völker, die sich ihrer Pflicht, der aus dieser Situation entstehenden Gefahren und der mit der Entwicklung verbundenen Opfer bewußt sind, konkrete Maßnahmen treffen, damit sich unsere Freundschaft realisiert auf zwei Ebenen, der politischen und der wirtschaftlichen Ebene, die niemals getrennt betrachtet werden dürfen. Wir müssen einen großen kompakten Block bilden, der seinerseits den neuen Ländern hilft, sich nicht nur politisch, sondern auch von der wirtschaftlichen Macht des Imperialismus zu befreien.

Der Aspekt der Befreiung von einem politischen Unterdrücker durch die Waffen muß gemäß den Regeln des proletarischen Internationalismus behandelt werden. Wenn der Gedanke absurd ist, daß der Direktor eines sozialistischen Landes im Kriegszustand Zweifel an dem Sinn einer Lieferung von Panzern an eine Front hegt, weil dort keine Zahlungsgarantien gegeben werden können, so wäre nicht minder absurd die Vorstellung der Überprüfung der Zahlungsfähigkeit eines sich befreienden Volkes oder eines für die Verteidigung seiner Freiheit kämpfenden Volkes, das daher Waffen benötigt. In unserer Welt können die Waffen keine Ware bilden, sondern sie müssen im notwendigen und möglichen Umfang an die Völker geliefert werden, die sie verlangen im Kampf gegen den gemeinsamen Feind. Das ist die Einstellung, mit der die UdSSR und die Volksrepublik China uns militärische Hilfe gewähren. Wir sind Sozialisten und bilden einen Garant für den Einsatz dieser Waffen, aber wir sind nicht die einzigen, und alle müssen die gleiche Behandlung erfahren.

Die ominösen Angriffe des nordamerikanischen Imperialismus gegen Vietnam oder gegen den Kongo müssen beantwortet werden mit der Lieferung aller notwendigen Mittel für die Verteidigung und mit der Gewährung unserer gesamten bedingungslosen Solidarität.

Im wirtschaftlichen Bereich müssen wir Siege auf dem Weg der Entwicklung erreichen möglichst mit Hilfe der am weitesten entwickelten Technologie. Wir können uns nicht darauf einlassen, die gesamte Entwicklung der Menschheit im aufsteigenden Sinne vom Feudalismus zur Ära der Atomenergie und der Automatisierung nachzuvollziehen, denn dies wäre ein mit vielen Opfern begleiteter und teilweise unnützer Weg. Die Technik muß beherrscht werden, wo immer man sich befindet, und daher muß ein großer technologischer Sprung vollzogen werden, um den Abstand zu verringern, der heute zwischen den hochentwickelten Ländern und uns besteht. Diese Technologie muß eingesetzt werden in den großen Fabriken ebenso wie in einer entsprechend entwickelten Landwirtschaft. Insbesondere muß ihr Grundpfeiler bestehen in einer technischen und ideologischen Kultur mit ausreichender Kraft und Verankerung in der Bevölkerung, um stets einen ausreichenden Zufluß zu den Instituten und Forschungseinrichtungen zu gewährleisten, die in jedem Land eingerichtet werden müssen, durch die Menschen, die mit der heutigen Technologie umgehen und die fähig sind, sich den neu erworbenen Technologien anzupassen.

Diese Fachkräfte müssen sich bewußt sein über ihre Pflicht gegenüber der Gesellschaft, in der sie leben; denn es kann keine adäquate technologische Kultur ohne eine komplementäre ideologische Kultur geben. Ohne sie kann es in der Mehrheit unserer Länder keine ausreichende Grundlage für die Industrialisierung geben, und diese bestimmt die Entwicklung einer modernen Gesellschaft bis hin zur Versorgung mit den notwendigen Lebensmitteln und einer adäquaten Erziehung und Ausbildung.

Ein guter Teil des Nationaleinkommens muß investiert werden in die sogenannten unproduktiven Investitionen im Bildungsbereich. Ebenso muß der Entwicklung der Produktivität in der Landwirtschaft große Aufmerksamkeit gewidmet werden, denn diese hat in vielen kapitalistischen Ländern ein wahrhaft erstaunliches Niveau erreicht, und hat den Widersinn einer Überproduktionskrise erreicht im Bereich der Kornproduktion und anderer Nahrungsmittel oder industrieller Rohstoffe in den kapitalistischen Ländern, wo doch andere Welten Hunger leiden, sowie über Menschen und Boden verfügen, die ausreichen, um mehrfach die gesamte Welt mit den benötigten Nahrungsmitteln zu versorgen.

Die Landwirtschaft muß gesehen werden als ein grundlegender Pfeiler für die Entwicklung, und deshalb müssen die Veränderungen in der Agrarstruktur und der Einsatz der neuen Möglichkeiten der Technik und der Verpflichtungen für die Abschaffung der Ausbeutung des Menschen grundlegende Aspekte der Arbeit sein.

Vor der Beschlußfassung über kostenintensive Festlegungen, die irreparable Schäden verursachen können, muß eine behutsame Erkundung des nationalen Territoriums erfolgen. Diese Aktivität ist eine der Voraussetzungen für eine ökonomisch sinnvolle Investition und eine elementare Notwendigkeit eines korrekten Planungsprozesses.

Wir unterstützen intensiv den Vorschlag Algeriens zur Institutionalisierung unserer Beziehungen. Wir möchten lediglich einige ergänzende Vorschläge unterbreiten:

Erstens: Damit die Einheit ein Instrument im Kampf gegen den Imperialismus werde, ist die Beteiligung der lateinamerikanischen Völker und das Bündnis mit den sozialistischen Staaten notwendig.

Zweitens: Der revolutionäre Charakter des Bündnisses muß gewahrt werden, und so muß die Beteiligung solcher Regierungen verhindert werden, die sich nicht mit den allgemeinen Ansprüchen der Völker identifizieren, durch Schaffung solcher Mechanismen, die eine Trennung von denjenigen ermöglichen, die sich von dem gerechten Kurs entfernen, seien es nun Regierungen oder populistische Bewegungen.

Drittens: Es muß die Errichtung neuer Beziehungen der Gleichheit zwischen unseren Völkern und den Kapitalisten erreicht werden durch die Schaffung einer revolutionären Jurisprudenz, die uns im Fall eines Konfliktes unterstützt und den Beziehungen zwischen uns und dem Rest der Welt einen neuen Inhalt gibt.

Wir sprechen eine revolutionäre Sprache und kämpfen ehrlich für den Sieg unserer Sache, aber oft verheddern wir uns in den Maschen eines internationalen Rechtes, das geschaffen wurde als Ergebnis der Konfrontation zwischen den imperialistischen Mächten und nicht als Ergebnis des Kampfes der freien und der gerechten Völker.

Unsere Völker beispielsweise leiden unter dem beklemmenden Druck ausländischer Militärstützpunkte auf ihrem Territorium oder dem harten Los ausländischer Verschuldung in unvorstellbarer Höhe. Die Geschichte dieser Lasten ist uns allen wohlbekannt: Marionetten-Regierungen, durch einen langen Befreiungskampf geschwächte Regierungen oder die kapitalistischen Marktgesetze führten zur Unterzeichnung von Abkommen, die unsere interne Stabilität und unsere Zukunft gefährden.

Es ist die Stunde gekommen, daß wir das Joch abschütteln, die Neuverhandlung der drückenden Auslandsschulden durchsetzen und die Imperialisten zwingen, ihre aggressiven Stützpunkte aufzugeben.

Ich möchte nicht schließen, nicht die Wiederholung dieser Ihnen allen wohlbekannten Tatsachen beenden, ohne die Seminarteilnehmer darauf hinzuweisen, daß Kuba nicht das einzige amerikanische Land ist, denn Kuba hatte schlicht die Möglichkeit, heute hier vor ihnen zu sprechen. Andere Völker vergießen ihr Blut, um die Rechte zu erringen, die wir heute haben. Von dieser Konferenz aus, von allen Konferenzen und von allen Orten aus, grüßen wir die heldenhaften Völker Vietnams, Laos, des portugiesisch genannten Guineas, Südafrikas und Palästinas sowie alle ausgebeuteten Länder, die, für ihre Emanzipation kämpfen. Gleichzeitig erklären wir unserer Unterstützung für die uns brüderlich verbundenen Völker Venezuelas, Guatemalas und Kolumbiens, die heute mit der Waffe in der Hand ihr definitives „NEIN" dem imperialistischen Feind erklären.

Es gibt für diese Erklärung wenige Orte von derartiger Symbolik wie Algier, eine der heldenhaftesten Hauptstädte der Freiheit. Das algerische Volk, erfahren wie wenige im Leiden für die Unabhängigkeit, mit unserem verehrten Compañero Ahmed Ben Bella an der Spitze, möge uns inspirieren in diesem gnadenlosen Kampf gegen den Imperialismus dieser Welt.

Editorische Notiz

Die in der Reihe „Ernesto Che Guevara – Ausgewählte Werke in Einzelausgaben" veröffentlichten Arbeiten folgen der spanischen Version, die veröffentlicht wurden in der neunbändigen Ausgabe „Ernesto Che Guevara – Escritos y Discursos", Havanna 1972, die als die bislang vollständigste Ausgabe der Werke Che Guevaras gilt.

Die Einleitung von Fidel Castro ist Teil seiner am 8. Oktober 1987 gehaltenen Rede und wurde von Christa Grewe übersetzt.

Die Beiträge „Gegen den Bürokratismus" und „Das Bankwesen, der Kredit und der Sozialismus" wurden in der Übersetzung von Alex Schubert aus: Ernesto Che Guevara, Ökonomie und neues Bewußtsein, Rotbuch 8, Verlag Klaus Wagenbach, Westberlin 1969, übernommen.

Die Aufsätze „Über den Begriff des Wertes", „Über das Haushaltsmäßige Finanzierungssystem" und „Die Bedeutung der sozialistischen Planung" wurden in der Übersetzung durch K. Brachmann, G. Richter, J. Buscado, U. Schirmer, L. Bieber und A. Schubert entnommen aus: Bettelmann u. a., Die Planungsdebatte in Cuba, Verlag Neue Kritik, Frankfurt a. M. 1969.

Alle oben erwähnten Übersetzungen wurden vom Herausgeber überarbeitet; die anderen Beiträge in diesem Band wurden vom Herausgeber übersetzt und erscheinen zum erstenmal in deutscher Sprache.

Ernesto Che Guevara
Ausgewählte Werke in Einzelausgaben

Band 1:
Guerillakampf und Befreiungsbewegung
ISBN 3-89144-004-9

Band 2:
Cubanisches Tagebuch
ISBN 3-89144-005-7

Band 3:
Aufsätze zur Wirtschaftspolitik
ISBN 3-89144-006-5

Band 4:
Schriften zum Internationalismus
ISBN 3-89144-007-3

Band 5:
Das vollständige Bolivianische Tagebuch
ISBN 3-89144-008-1

Band 6:
Der neue Mensch – Entwürfe für das Leben in der Zukunft
ISBN 3-89144-009-X

Außerdem lieferbar:
Alberto Granado: Mit Che durch Südamerika
ISBN 3-89144-047-2

Günther Schaaf

Che Guevara – Begegnungen und Gespräche 1961-1964 in Kuba

173 S., 32 Abb. geb., PRV, 14,90

Der ehemalige Leiter der DDR-Handelsvertretung auf Kuba berichtet über Che Guevara und die Handelsbeziehungen DDR-Kuba.

„Che Guevara – Begegnungen und Gespräche" bereichert die biographischen Veröffentlichungen über Che Guevara um einen wichtigen Beitrag. Günther Schaaf ist einer der letzten noch lebenden ehemaligen DDR-Bürger, der unmittelbar mit Che Guevara zusammen gearbeitet hat. Er war in den Jahren 1961 bis 1966 als Mitarbeiter bzw. als Leiter der Handelsvertretung der DDR auf Kuba tätig.

Diese Aufzeichungen haben ihrer zeitgeschichtliche Bedeutung darin, daß bis Ende 1964 alle wesentlichen industriellen Anlagenimporte Kubas Che Guevaras persönlicher Entscheidung und Kontrolle unterstanden. Der besondere Reiz besteht in der Authentizität der Darstellung. Erstmalig werden Informationen und Schilderungen aus der direkten Zusammenarbeit des Autors mit Che Guevara als Industrieminister Kubas von 1961 bis 1964 veröffentlicht, wird über Begegnungen und Gespräche des Autors mit Che berichtet.

Das Buch ist jedoch nicht nur ein Bericht über Begegnungen. Dem Autor gelingt es, die Persönlichkeit Che's in ihrer Komplexität zu beschreiben, von seinen Ansichten und seinem Denken zu erzählen. Er schreibt in Erinnerung an viele Gespräche über die theoretischen und gesellschaftspolitischen Ideen und Visionen Che Guevaras, über seine kritische Haltung zu den sozialistischen Staaten und seine Bewertung des Kapitalismus. Historisch einschneidende Ereignisse wie die Kuba-Krise, die Günther Schaaf in Kuba direkt erlebte, die Probleme und Erfolge die Zusammenarbeit zwischen der DDR und Kuba und die Rückkehr an die Stätten seines Wirkens nach 1989 runden dieses spannende Buch ab.